MARCO POLO

OSTSEEKÜSTE
MECKLENBURG-VORPOMMERN

FISCHLAND, DARSS, ZINGST

MARCO POLO Autoren Kerstin Sucher und Bernd Wurlitzer

Die beiden freien Reisejournalisten (www.tourismus-journalisten.de) haben sich auf den Osten Deutschlands spezialisiert. Ihre große Liebe gehört Mecklenburg-Vorpommern, zahlreiche Veröffentlichungen weisen sie als profunde Kenner dieses Bundeslands aus. Oft sind sie an der Ostseeküste unterwegs, deren Vielfalt und Charme sie immer wieder aufs Neue erliegen.

www.marcopolo.de/ostseekueste-mv

← **UMSCHLAG VORN: DIE WICHTIGSTEN HIGHLIGHTS**

Die besten Insider-Tipps → S. 4

Best of ... → S. 6

Wismar und Wismarbucht → S. 32

Rostock und Umgebung → S. 42

4	**DIE BESTEN INSIDER-TIPPS**
6	**BEST OF ...** ● TOLLE ORTE ZUM NULLTARIF S. 6 ● TYPISCH OSTSEEKÜSTE S. 7 ● SCHÖN, AUCH WENN ES REGNET S. 8 ● ENTSPANNT ZURÜCKLEHNEN S. 9
10	**AUFTAKT**
16	**IM TREND**
18	**STICHWORTE**
24	**ESSEN & TRINKEN**
28	**EINKAUFEN**
30	**DIE PERFEKTE ROUTE**
32	**WISMAR UND DIE WISMARBUCHT** BOLTENHAGEN, INSEL POEL, WISMAR
42	**ROSTOCK UND UMGEBUNG** BAD DOBERAN/HEILIGENDAMM, GRAAL-MÜRITZ, KÜHLUNGSBORN, RERIK, ROSTOCK/WARNEMÜNDE
56	**FISCHLAND, DARSS, ZINGST** AHRENSHOOP, BARTH, BORN, PREROW, RIBNITZ-DAMGARTEN, WUSTROW, ZINGST

SYMBOLE

INSIDER TIPP Insider-Tipp
★ Highlight
● ● ● ● Best of ...
🔆 Schöne Aussicht
ⓖ Grün & fair: für ökologische oder faire Aspekte
(*) Kostenpflichtige Telefonnummer

PREISKATEGORIEN HOTELS

€€€ über 130 Euro
€€ 90–130 Euro
€ bis 90 Euro

Die Preise gelten für zwei Personen im Doppelzimmer inkl. Frühstück in der Hochsaison

PREISKATEGORIEN RESTAURANTS

€€€ über 16 Euro
€€ 12–16 Euro
€ bis 12 Euro

Die Preise gelten für ein Hauptgericht ohne Vor- und Nachspeise, ohne Getränke

INHALT

RÜGEN, HIDDENSEE, STRALSUND 72
BERGEN, BINZ, GÖHREN, INSEL HIDDENSEE, PUTBUS, SASSNITZ, SELLIN, STRALSUND

USEDOM UND GREIFSWALD 84
AHLBECK, BANSIN, GREIFSWALD, HERINGSDORF, ZINNOWITZ

- AUSFLÜGE & TOUREN 96
- SPORT & AKTIVITÄTEN 102
- MIT KINDERN UNTERWEGS 106
- EVENTS, FESTE & MEHR 110
- LINKS, BLOGS, APPS & MORE 112
- PRAKTISCHE HINWEISE 114
- REISEATLAS 120
- REGISTER & IMPRESSUM 134
- BLOSS NICHT! 136

Fischland, Darß, Zingst → S. 56

Ausflüge & Touren → S. 96

Sport & Aktivitäten → S. 102

Reiseatlas → S. 120

GUT ZU WISSEN
Geschichtstabelle → S. 12
Spezialitäten → S. 26
Bücher & Filme → S. 62
Was kostet wie viel? → S. 115
Wetter → S. 116

KARTEN IM BAND
(122 A1) Seitenzahlen und Koordinaten verweisen auf den Reiseatlas
(0) Ort/Adresse liegt außerhalb des Kartenausschnitts
Es sind auch die Objekte mit Koordinaten versehen, die nicht im Reiseatlas stehen
Karten zu Rostock, Greifswald, Wismar und Stralsund finden Sie im hinteren Umschlag

UMSCHLAG HINTEN: FALTKARTE ZUM HERAUSNEHMEN →

FALTKARTE
(📖 A–B 2–3) verweist auf die herausnehmbare Faltkarte

Die besten MARCO POLO Insider-Tipps

Von allen Insider-Tipps finden Sie hier die 15 besten

INSIDER TIPP Barocke Pracht
Werfen Sie einen Blick in die frühgotische *Pfarrkirche St. Johannes* in Rerik. Sie werden begeistert sein von der barocken Ausstattung und der Ausmalung → S. 50

INSIDER TIPP Lokführer spielen
Ein Kindheitstraum wird auf dem *„Rasenden Roland"* auf Rügen wahr: auf dem Führerstand mitfahren und Lokführer und Heizer bei der Arbeit zusehen → S. 79

INSIDER TIPP Intimer Kulturgenuss
Zu Lesungen, Konzerten, Kabarett- und Theaterabenden sowie Veranstaltungen für Kinder lädt das *Darßer Sommertheater* in Born, das nur Platz für knapp 60 Gäste bietet. Unbedingt reservieren! → S. 63

INSIDER TIPP Blaue Steine weisen den Weg
Folgen Sie dem *Wustrower Kulturpfad* zu geschichtsträchtigen Schifferhäusern, rohrgedeckten Katen und Bauerngehöften → S. 68

INSIDER TIPP Steinkauzfamilie live
Datenschutz ist nicht zu beachten, und so darf die Kamera ganz offiziell in die Höhle einer Steinkauzfamilie schauen. Die Bilder werden live in die *Naturschatzkammer* nach Neuheide übertragen → S. 46

INSIDER TIPP Zeesboot ahoi
Die dickbäuchigen, ehemaligen Fischerboote (Foto re.) mit dem braunen Segel starten am *Althäger Hafen* von Ahrenshoop zu Ausflugsfahrten → S. 59

INSIDER TIPP Angeln ohne Prüfung
In Mecklenburg-Vorpommern darf geangelt werden (Foto o.), ohne die sonst übliche Prüfung abzulegen. Nur in diesem Bundesland gibt es den – zeitlich befristeten – Touristenfischereischein → S. 102

INSIDER TIPP Das Defilee der Apostel
Mit dem 12-Uhr-Schlag beginnt wochentags in der Rostocker *Marienkirche* der Vorbeimarsch der Apostel → S. 52

INSIDER TIPP ▶ Mit Rangern auf Tour

Versteckt liegende Moore, Seeadlerhorste, Sagen und Geschichten – die Ranger des *Nationalparks Vorpommersche Boddenlandschaft* kennen sich aus. Wanderungen mit ihnen sind Natur- und Geschichtserlebnisse ganz besonderer Art → S. 70

INSIDER TIPP ▶ Süße Kreationen

Kaffee-Nelke, Karotte-Koriander oder Orangen-Thymian: Diesen leckeren Pralinés widersteht kein Liebhaber edler Schokoladen. Die frischen Köstlichkeiten kommen aus der *Chokoladenmanufaktur* des Restaurants Le Croy in Greifswald → S. 90

INSIDER TIPP ▶ Tauchen mit Seehunden

Besucher sind im *Marine Science Center* in Warnemünde nicht nur bei den Experimenten der Wissenschaftler mit den Seehunden dabei, sie dürfen die Tiere auch streicheln und sogar mit ihnen schwimmen und tauchen → S. 55

INSIDER TIPP ▶ Fährmann, hol über

Seit mehr als 100 Jahren rudert auf Rügen ein Fährmann seine Passagiere über die 50 m breite *Baaber Bek* → S. 81

INSIDER TIPP ▶ Alles bio

Alles vollwertig, alles aus ökologisch angebauten Zutaten: Brot, Brötchen und Kuchen, Obst und Gemüse im Café und Laden *Biofrieda* in Rostock → S. 53

INSIDER TIPP ▶ Safari im Landrover

Mit Landrover, Mountainbikes und Schlauchboot geht es einen Tag lang abseits der Touristenwege über die Insel Usedom – Tierbeobachtungen inklusive → S. 86

INSIDER TIPP ▶ Orient am Ostseestrand

Osmanisches Dampfbad, Beduinenzelt, Pool, orientalische Behandlungsräume: Wellness und Entspannung im Flair des Morgenlands verspricht die Wellnessoase *Shehrazade* in der Ostseeresidenz in Heringsdorf → S. 93

BEST OF ...

TOLLE ORTE ZUM NULLTARIF
Neues entdecken und den Geldbeutel schonen

SPAREN

● *Schatzsuche*
Nach Nordoststürmen wird der *Darßer Weststrand* zur Fundgrube für Bernstein (Foto), Donnerkeile und Hühnergötter. Ein bisschen Zeit müssen Sie bei der Suche zwar investieren, aber mit etwas Glück fahren Sie mit schönen Gratissouvenirs nach Hause → S. 100

● *Kunst offen*
Rund 500 Künstler in ganz Mecklenburg-Vorpommern öffnen jedes Jahr zu Pfingsten ihre Werkstätten. Sie können Grafiker, Bildhauer, Töpfer, Schmuck-, Glas-, Holz- und Metallgestalter bei der Arbeit besuchen, Fragen stellen oder einfach nur plaudern → S. 110

● *Konzerte in der Kirche*
Chorauftritte oder Orgelvorträge, sogar Jazz wird bei den Konzerten in der *St. Johanneskirche in Rerik* gespielt. Die sommerlichen Musikhöhepunkte in dem schönen Backsteinbau von 1250 sind kostenlos, ebenso wie die Führungen durch die Kirche → S. 52

● *Alles Fotografie*
Zwei Bibliotheken, eine Galerie für wechselnde Fotoausstellungen, eine Fotoschule und eine Tourist-Information: Das Max-Hünten-Haus mit der *Erlebniswelt Fotografie* in Zingst ist Anlaufstelle für alle an Fotografie Interessierten. Und das bei kostenlosem Eintritt → S. 70

● *Die Inselnatur erkunden*
Die Vielfalt der Natur auf der Insel Usedom zu Fuß oder mit dem Fahrrad erkunden: Das können Sie vom Frühjahr bis in den Herbst bei Touren, die von der *Naturparkverwaltung* organisiert werden → S. 91

● *Kreideküstenblick*
Wenn Sie einen Blick vom Königsstuhl auf die Ostsee werfen wollen, dann müssen Sie Eintritt zahlen. Die Aussicht von der *Plattform der nahen Viktoriasicht* dagegen ist gratis – und schöner: Schließlich präsentiert sich Ihnen nicht nur das Meer, sondern auch der kalkweiße Königsstuhl selbst → S. 80

●●●● Diese Punkte zeichnen in den folgenden Kapiteln die Best-of-Hinweise aus

TYPISCH OSTSEEKÜSTE
Das erleben Sie nur hier

● *Musik liegt in der Luft*
Park, Kloster, Gutshof oder Scheune – die unkonventionellen Veranstaltungsorte machen, neben dem hochkarätigen Programm, die *Festspiele Mecklenburg-Vorpommern* zum Höhepunkt für Klassikfans → S. 110

● *Himmelstrebender Backstein*
Atemberaubende Bauwerke, ganz in Rot: Wer vor der *Nikolaikirche in Wismar* oder dem *Rathaus von Stralsund* steht, bewundert zwei Paradebeispiele der Backsteingotik → S. 39, 82

● *Puderzuckerstrände*
Der Kontrast der Farben könnte nicht schöner sein: blaues Meer und weißer Sand. Dass die breiten, schier endlosen Sandstrände zu Recht Puderzuckerstrände genannt werden, davon können Sie sich gleich auf 42 km Länge auf der Insel Usedom überzeugen → S. 84

● *Bäderpracht*
Ensemble es in Weiß mit gotischen Türmchen, römischen Säulen, barocken Putten und filigranen Rokokoranken – der Stilmix der *Bäderarchitektur* prägt Urlaubsorte voller Flair wie *Binz* auf Rügen (Foto) → S. 75

● *Fisch – ganz frisch*
Hering, Aal und Zander, Heilbutt, Lachs und Scholle: Was morgens von den Fischern angelandet wird, liegt schon abends auf Ihrem Teller, z. B. im *Poeler Forellenhof* → S. 37

● *Reger Flugverkehr*
Mit lauten Guruh-guruh-Rufen fliegen abends Tausende von Kranichen im Osten der Halbinsel Fischland, Darß, Zingst zu ihren Schlafplätzen. Im Herbst ist das Naturspektakel von eigens eingerichteten Beobachtungsplattformen wie in Pramort zu erleben, Schiffe starten zur *Kranichbeobachtung* vom Hafen Zingst → S. 71

● *Seebadtradition*
Wie wär's mit Schiffe gucken? Als eines der traditionsreichen Seebäder lockt *Warnemünde* nicht nur mit Stränden, pittoresken Häuschen und vorzüglichen Restaurants, sondern auch mit den größten Kreuzfahrtschiffen der Welt, die hier rund 200-mal im Jahr anlegen → S. 51

BEST OF ...

SCHÖN, AUCH WENN ES REGNET
Aktivitäten, die Laune machen

● *Kurztrip in die Tropen*
Wenn Ihnen der Ostseesturm den Regen ins Gesicht peitscht, machen Sie einen Abstecher in die Tropen. Im *Schmetterlingspark Klütz* flattert es kunterbunt zwischen Bambus, Kaffeesträuchern und Bananenstauden → S. 36

● *Shoppingtour*
Regnerische Tage können auch schön sein. Denn dann wird in *Rostocks Innenstadt* geshoppt und gebummelt, in modernen Passagen oder kleinen Läden, Boutiquen und Galerien → S. 54

● *Was Mecklenburg zu bieten hat*
In *Karls Erlebnisdorf*, Deutschlands größtem Bauernmarkt, können Sie alle möglichen Mecklenburger Leckereien probieren und kaufen, selber Kaffee rösten oder schöne Dinge für den Garten zu Hause finden → S. 55

● *Südseefeeling*
365 Tage im Jahr herrscht im *Hansedom* in Stralsund Sommer. Von der Whirlpoollandschaft im Südseedschungel ins subtropische Wellenbad – und dazwischen Action auf den fünf Erlebnisrutschen → S. 83

● *Trockentauchen auf Rügen*
An der Selliner Seebrücke geht es hinab in Neptuns Reich. Trockenen Fußes tauchen Sie zum Meeresgrund, an dieser Stelle etwa 4 m. Was Sie durch die 7 cm dicken Scheiben vielleicht nicht sehen können, zeigt Ihnen ein spannender 3-D-Film (Foto) → S. 81

● *Phänomenen auf der Spur*
Lässt sich ein Trabi mit einem Arm hochheben? Die Antwort auf diese und viele andere Fragen finden Sie in der *Phänomenta* in Peenemünde. Manche Versuche sind verblüffend einfach, andere einfach nur verblüffend! → S. 95, 109

REGEN

ENTSPANNT ZURÜCKLEHNEN
Durchatmen, genießen und verwöhnen lassen

● *Schwitzen vor Stadtkulisse*
In acht verschiedenen Saunen entspannen Sie im Sport- und Erlebnisbad *Wonnemar* in Wismar. Die Panoramasauna macht ihrem Namen alle Ehre: schwitzen mit Blick auf die Altstadt! → S. 40

● *Ohrenschmaus in St. Marien*
Gleich mehrere Orchester scheint die *Stellwagen-Orgel* von 1659 in der Marienkirche in Stralsund zu vereinen. Schließen Sie die Augen und geben Sie sich der Musik hin → S. 82

● *Teegenuss im Grünen*
In der *Teeschale* in einem alten, rohrgedeckten Prerower Schifferhaus duftet es nach Tee und frischem Kuchen. Im Sommer genießen Sie beides zwischen Blumen und Sträuchern im Garten → S. 65

● *Streicheleinheiten für Körper, Geist und Seele*
Sanfte Massagen, angenehme Düfte und heilende Kräuter gehören zu den Streicheleinheiten im *Aquadrom* in Graal-Müritz → S. 46

● *Beste Aussichten zum Tagesausklang*
Die Aussicht vom alten Hansespeicher im Rostocker Stadthafen ist atemberaubend. Beobachten Sie am Abend bei einem kühlen Drink vom *Silo 4* durch das Panoramafenster die heimkehrenden Schiffe und das Farbenspiel des Sonnenuntergangs → S. 53

● *Mit Dampf durchs Land*
Auf sage und schreibe 30 km/h bringt es die Dampflok des *„Molli"*, wenn der Heizer reichlich Kohlen nachlegt. 43 Minuten von Kühlungsborn West bis Bad Doberan und das retour – bequemer können Sie diesen Küstenabschnitt nicht kennenlernen → S. 96

● *Ins Blaue treiben*
In Loddin ein Ruderboot mieten, den Picknickkorb packen, ein Kissen dazulegen und sich dann auf dem Achterwasser (Foto) treiben lassen: Das bedeutet einen Tag lang so richtig faulenzen → S. 94

AUFTAKT

ENTDECKEN SIE DIE OSTSEEKÜSTE!

Blaues Meer, kilometerlange weiße Sandstrände, traditionsreiche Seebäder mit aufwendig renovierten Villen und Seebrücken, die zum Promenieren über den Wellen einladen – das ist die eine Seite der Ostseeküste von Mecklenburg-Vorpommern, kurz MeckPomm genannt, die jährlich Hunderttausende Urlauber anzieht, Tendenz steigend. Zuwächse bei den Besucherzahlen verzeichnen auch die alten Hansestädte, deren von rotem Backstein geprägtes Stadtbild noch immer – bzw. nach aufwendigen Restaurierungsarbeiten wieder – von einstigen Blütezeiten zeugt.

Doch es gibt noch eine andere, oftmals unbeachtete Seite dieses Küstenstrichs, die es zu entdecken lohnt: das Hinterland der Halbinseln und Inseln mit ihren Boddenlandschaften. Hier schlendern Sie entlang von Rapsfeldern, erfreuen sich später im Jahr an Mohn- und Kornblumen, an Heckenrosen und Ginster und lauschen dem Summen und Gezwitscher in den Schilfgürteln. Stundenlang können Sie hier zu Fuß oder mit dem Rad unterwegs sein – vor allem im Frühjahr und Herbst –, ohne einer Menschenseele zu begegnen.

Bild: Seebrücke in Heringsdorf

Die Insel Ummanz, Lebbin und Reddevitzer Höft auf Rügen sowie der Lieper Winkel auf Usedom sind solche abgeschiedenen, verträumten Ecken. Oder der Darß, den Wind und Wellen immer weiter ausfransen und von dem sie unaufhörlich Land abnagen, um es an der Nordspitze wieder anzulanden. Am Darßer Ort wird Deutschland jedes Jahr um acht bis zehn Meter größer. Fisch- und Seeadler haben sich diese Regionen als ihr Zuhause gewählt, Hinweisschilder am Straßenrand machen auf den Fischotter aufmerksam, Zehntausende von Kranichen kommen jeden Herbst in die flachen Gewässer zwischen Zingst und Rügen geflogen. Die untergehende Sonne verdunkelt sich, wenn sie in den Abendstunden der Spätsommer- und Herbsttage von ihren Futterplätzen mit trompetenhaften Rufen in die Nachtquartiere einschweben, bevor es weitergeht auf die weite Reise in den Süden. Ebenso beeindruckend, wenn auch nicht so unberührt und alles andere als unbekannt sind die kreideweißen Felsen auf Rügen, die aus den dunklen Buchenwäldern leuchten. Sie gehören wie der Darß zu den rund 20 Prozent der Landesfläche, die unter besonderem Schutz steht: An der Küste gibt es zwei Nationalparks, einen Naturpark und ein Biosphärenreservat, um das größte Potenzial des Landstrichs, die Naturschönheiten, zu bewahren.

Den Kontrast dazu liefern die trubeligen Seebäder mit ihrem Architekturmix, Bäderarchitektur genannt: Hotels und Villen schmücken sich mit verschnörkelten Türmchen, verzierten Loggien, putzigen Dachaufbauten und korinthischen Säulen.

> **Bäderarchitektur: ein Mix aus Türmchen, Loggien, Säulen …**

Was anderswo spätestens in den 1970er-Jahren der Abrissbirne zum Opfer fiel und durch Glas und Beton ersetzt wurde, konnte sich hier über die DDR-Zeit retten. Zwar marode, aber die architektonischen Kostbarkeiten blieben erhalten. Nach der Einheit wurden sie liebevoll saniert, und heute geben sie den Seebädern von Boltenhagen im Westen bis Ahlbeck im Osten ein unverwechselbares Gesicht. Wenn Sie durch Kühlungsborn, Binz oder Heringsdorf bummeln, glauben Sie, ein Architekturmuseum zu besuchen. Schlösser und Herrenhäuser, von denen es in Mecklenburg-Vorpommern fast hinter jeder Ecke eins gibt, verwandelten sich, aufwendig restauriert, in Hotels. Die Einheimischen wissen um ihre Schätze und haben rasch mitbekommen, was Touristen mögen. Nach der Einheit bauten sie Seebrücken zum Promenieren über den Ostseewellen, Marinas, Golfplätze, Freizeitbäder und Wellnesstempel.

Um 500
Die Germanen verlassen das Gebiet, das 100 Jahre später Slawen besiedeln

1167
Fürst Pribislaw begründet die mecklenburgische Herrscherdynastie

1168
Dänen zerstören auf Arkona die Jaromarsburg. Beginn der Christianisierung

1293
Wismar, Rostock, Stralsund, Greifswald, Lübeck schließen ein Handelsbündnis, den Vorläufer der Hanse

1348
Die Fürsten Albrecht II. und Johann werden zu Herzögen von Mecklenburg

AUFTAKT

Erinnerung an Kaisers Zeiten: die Bäderarchitektur mit ihren filigran-verspielten Elementen

Dabei knüpfen sie an eine alte Tradition an – schließlich wurde der Badeurlaub an der Ostsee in Mecklenburg „erfunden". Großherzog Friedrich Franz I. bekam von seinem Leibarzt den Rat, im Meer zu baden. Seine Hoheit sah sich um, der Heilige Damm gefiel ihm, und so entstand hier 1793 Deutschlands erstes Seebad und Doberan wurde die Sommerresidenz des Herzoghauses Mecklenburg-Schwerin. Badekuren und Strandurlaub kamen rasch in Mode, zumindest bei jenen, die das Geld dafür hatten. Gottverlassene Fischerdörfer mauserten sich zu eleganten Seebädern. Heutzutage boomt der Tourismus in Mecklenburg-Vorpommern. Tausende von Strandkörben hievt man jeden Sommer ans Meer, ersonnen hat den „aufrecht stehenden Wäschekorb", wie seinerzeit spöttisch bemerkt, ein Mecklenburger.

1793 Am Heiligen Damm bei Doberan wird Deutschlands erstes Seebad gegründet

1918/19 Beide mecklenburgischen Großherzogtümer werden demokratische Freistaaten

1945 Aus Mecklenburg, dem westlichen Teil Vorpommerns und dem rechtselbischen Amt Neuhaus entsteht das Land Mecklenburg-Vorpommern

1946 Der Großgrundbesitz über 100 ha sowie der Besitz von Nazigrößen wird entschädigungslos enteignet und in Neubauernwirtschaften aufgeteilt

Doch die Zeiten, in denen die Urlauber sich von früh bis abends in der Sonne aalten, sind vorbei. Zum Entspannen und Erholen gehört heute mehr, und so kommen die Gäste das ganze Jahr über, um sich mit Thalasso, Rügener Schlämmkreide oder einer Thaimassage verwöhnen zu lassen. Wellnessurlaub liegt im Trend, Mecklenburg-Vorpommern gilt als Gesundheitsland Nummer eins in Deutschland. Aktivurlauber wollen ihre Grenzen ausloten und schwingen sich wie Tarzan in Hochseilgärten von einem Baum zum anderen oder reiten mit bis zu 45 km/h über die Wellen. Die Mecklenburger Bucht und die Gewässer um Rügen gehören zu den beliebtesten Surfrevieren. Radler entdecken im Hinterland stille Dörfer mit rohrgedeckten Häusern und uralten, backsteinernen Dorfkirchen. Dorthin führen nicht immer asphaltierte Wege, oft sind es Alleen, auf deren holprigem Kopfsteinpflaster vermutlich schon Soldaten im Dreißigjährigen Krieg geritten sind.

Entspannen und erholen bei Wellness- und Aktivurlaub

Noch älter sind die Wolkenkratzer des Mittelalters, die hoch aufragenden Türme der Backsteinkathedralen in den alten Hansestädten, in deren Schatten sich die Bürgerhäuser mit ihren hanseatischen Giebeln ducken. Wer vor den Kirchen Wismars und Stralsunds steht, versteht, warum die Zentren der beiden Städte Weltkulturerbe geworden sind. Wie Rostock und Greifswald schmücken sie sich mit besonders vielen Perlen der Backsteingotik, den stummen Zeugen einstiger Macht. Möchten Sie sich dagegen wie ein Badegast zu Kaisers Zeiten fühlen, dann steigen Sie in eine der beiden Schmalspurbahnen. In den „Molli", der zwischen Kühlungsborn und Bad Doberan dampft und zischt, oder in den „Rasenden Roland", der auf Rügen pfeifend und qualmend durch die Landschaft zuckelt.

Die vielen Erlebnisse machen müde, und das ist gut so. Abfeiern bis zum frühen Morgen ist hier weniger angesagt, die Kneipen, in denen man noch nach Mitternacht klönt oder lauter Diskomusik frönt, lassen sich an zwei Händen abzählen. Stylishe Restaurants? Fehlanzeige – auch wenn Mecklenburg-Vorpommern mittlerweile die meisten Sterneköche aller neuen Bundesländer hat. Doch damit kein falscher Eindruck entsteht: Bei aller Bedächtigkeit und Zurückhaltung sind die Mecklenburger und Vorpommern gastfreundlich und immer am Überlegen, was sie für die Gäs-

1952 Mecklenburg wird in die Bezirke Rostock, Schwerin und Neubrandenburg gegliedert

1953 „Aktion Rose": Unter fadenscheinigen Gründen werden den Hotelbesitzer verhaftet und enteignet und ihre Häuser volkseigen oder Gewerkschaftserholungsheim

2002 Aufnahme der Altstädte von Wismar und Stralsund in die Unesco-Welterbeliste

2005 Die Kreidefelsformation Wissower Klinken, eines der Wahrzeichen von Rügen, stürzt in der Nacht vom 23. zum 24. Februar ab.

AUFTAKT

Vor den alten Fassaden am Rostocker Universitätsplatz sprudelt der Brunnen der Lebensfreude

te noch tun könnten. So laden Sie z. B. zu den Festspielen Mecklenburg-Vorpommern, Deutschlands drittgrößtem Musikfestival, oder zur Hanse-Sail in Rostock, wo sich jährlich imposante Windjammer und Traditionssegler ein Stelldichein geben, und für Schwimmer ist das Sundschwimmen von Altefähr auf Rügen nach Stralsund ein fester Termin im Kalender.

Feste und Events, Traumstrände, romantische Städte und eine urwüchsige Landschaft – nicht zuletzt ist es der Mix aus Kunst, Kultur und Natur, der die Ostseeküste von Mecklenburg-Vorpommern wieder zu einer der beliebtesten Feriendestinationen in Deutschland gemacht hat – entdecken Sie sie!

Die Ostseeküstenautobahn A 20 wird fertiggestellt

2007 Staats- und Regierungschefs der führenden Industrieländer treffen sich in Heiligendamm zum G-8-Gipfel. Polen wird in den Schengenbereich einbezogen, somit ist der Usedomer Strand wieder durchgehend begehbar

2008 In Stralsund eröffnet Bundeskanzlerin Merkel das Ozeaneum

2012 Mit dem Darwineum in Rostock und dem Phantechnikum in Wismar eröffnen zwei neue touristische Highlights

IM TREND

1. Extravaganza

Made in MV Mecklenburg-Vorpommerns Modedesigner machen mit ihren Kreationen auf sich aufmerksam. Der preisgekrönte *Andrej Subarew* aus Wismar steht für extravagante und zugleich tragbare Mode *(www.subarew.com)*. Urbane Fashiontrends shoppt man bei *Hausmarke (Apollonienmarkt 1)* in Stralsund. Die Top-Adresse für trendy Schuhmode ist die *Schuhboutique La Scarpa (Hauptstr. 5)* in Binz auf Rügen.

2. Kräuterboom

Kerbel & Co. Kräuter aus der Region stehen (wieder) hoch im Kurs: Aus der Küche sind sie kaum mehr wegzudenken. Besuchermagnet im *Gutshof Bastorf (Kühlungsborner Str. 1 | Bastorf)* ist der Biokräutergarten mit mehr als 50 Pflanzenarten zum Riechen, Fühlen und Schmecken. René Geyer nimmt Interessierte mit auf seine Heilkräuterwanderung durch das *Biosphärenreservat Südost-Rügen (www.naturgeyer.de)*. Dabei erklärt er die Verwendung der Wildpflanzen. Im Restaurant *Kulm Eck (Kulmstr. 17 | Heringsdorf)* zaubern die Köche u. a. weißen Tomaten-Kerbelblüten-Schaum mit Jakobsmuschel.

3. Neues in der Altstadt

Kunst & Kultur In der Altstadt von Rostock brodelt es. Hier hat die kreative Szene ein neues Zuhause gefunden. So auch das *Café Ursprung (Alter Markt 16)* mit seiner Kleinkunstbühne, auf der Kabarett und Zaubershows stattfinden. Die *Galerie Wolkenbank Kunst+Räume (Wollenweberstr. 24)* verbindet Kunst, Architektur und Design *(Foto)*. Eine Buchhandlung der anderen Art ist *buch...bar (Altschmiedestr. 32)*: Im Regal steht Wein der Marke „Lesegut", und regelmäßig wird zu Lesungen und anderen Events geladen.

An der Ostseeküste Mecklenburg-Vorpommerns gibt es vieles zu entdecken. Das Spannendste auf dieser Seite

Wassersport mal anders

Schwimmschuhe & Fährwelle Die Wassersportler an der Ostsee sind kreativ, was den Nervenkitzel angeht, und erfinden immer neue Sportarten. Eine Innovation ist das Wasserwandern auf Schwimmschuhen. Mit den über 2 m langen und 8 kg schweren Plastikschuhen schiebt man sich übers Wasser. 2010 fand die erste Landesmeisterschaft im Wasserlaufen statt *(www.mecklenburger-schwimmschuhe.de, Foto)*. Seit der Film „Keep Surfing" das Surfen auf der Münchner Eisbachwelle auch im Norden zum Kult machte, surft man in Warnemünde auf Fährwellen, „Ferry-Wave-Surfing" genannt. Andere Locations für Wassersportler weist die *surfmap mv (www.surfmap-mv.de)* aus. Stand-up-Paddling wird an der Ostsee zum Kick bei Flaute. Die Kombination aus Wellenreiten, Kanu und Fitness wird stehend auf einem Surfbrett ausgeübt, mit dem man sich mittels Stechpaddel fortbewegt. Bei *Supremesurf (Eselföterstr. 26)* in Rostock zeigt der Amateurmeister Daniel Weiß, wie es geht.

Retrostyle

Zurück in die Zukunft Sozialistische Bauten galten einst als architektonische Sünden. Jetzt entdeckt die Region ihre Vergangenheit wieder und verwandelt ehemalige Prunkvillen und schmucklose Plattenbauten in coole Feierlocations. Im *Theater des Friedens (Doberaner Str. 5 | Rostock)* ist ein angesagter Club im 70er-Jahre-Look eingezogen *(Foto)*. Heiße Partys auf dem Wasser veranstaltet das Team des früheren DDR-Fischerei-Motorschiffs *Stubnitz (www.stubnitz.com)* – mit Tanzfläche und DJ-Decks in den ehemaligen Laderäumen.

STICHWORTE

Bild: Fassade des Stralsunder Rathauses

BERNSTEIN

Versteinertes Harz von Nadelbäumen, das älter als 1 Mio. Jahre ist, wird Bernstein genannt. Der Bernstein an der Ostseeküste Mecklenburg-Vorpommerns entstand vor 40 Mio. Jahren aus den damals hier vorhandenen subtropischen Wäldern.

Nach Nordoststürmen begegnen sich Einheimische und Urlauber am Strand bei der Suche nach Bernsteinstückchen, die zusammen mit Donnerkeilen (Überreste von ausgestorbenen, tintenfischähnlichen Kopffüßlern) und Hühnergöttern (durchlöcherte Feuersteine) an den Strand gespült wurden, und werden nicht selten fündig. Bernstein lässt sich bohren, sägen und schleifen; poliert glänzt er fast wie Edelstein.

Bernsteinstücke mit eingeschlossenen Pflanzenresten und Insekten, vornehmlich Fliegen und Mücken, werden als Inklusen bezeichnet. Das Bernsteinmuseum in Ribnitz-Damgarten und das kleinere Bernsteinmuseum in Sellin auf Rügen zeigen einige erstaunlich gut erhaltene Einschlüsse. Durch sie wissen wir, welche Insektenarten vor mehr als 40 Mio. Jahren in diesem Gebiet lebten.

BLAUE FLAGGE

An der Ostseeküste Mecklenburg-Vorpommerns wehen an Stränden und Yachthäfen blaue Fahnen. Sie sind sichtbares Zeichen für hohe Umweltstandards wie gute Wasserqualität und saubere Strände. Boltenhagen, Kühlungsborn, Warnemünde, Graal-Müritz, Prerow,

Störtebeker, Strandkörbe und ein Städtebund: vielfältige Natur und reiche Historie an Mecklenburg-Vorpommerns Küste

Binz, Sellin, Baabe, Göhren, Zinnowitz, Heringsdorf und Ahlbeck sowie die Yachthäfen in Kühlungsborn und die Citymarina Stralsund scheinen ein Abonnement auf die begehrte Auszeichnung zu haben, die ungetrübtes Urlaubsvergnügen verspricht. Das Umweltsymbol muss jedes Jahr neu erkämpft werden, Kriterien für die Strände sind ausreichende saubere sanitäre Einrichtungen, eine gute Abfallentsorgung und die 14-tägige mikrobiologische und physikalisch-chemische Überprüfung des Badewassers. Bei den Häfen wird besonders auf die ordnungsgemäße Entsorgung von Altöl und Müll Wert gelegt. Weltweit vergibt die nichtstaatliche Foundation for Environmental Education in Kopenhagen jedes Jahr fast 4000 Blaue Flaggen in etwa 40 Ländern.

FAUNA

Zur Küste gehören die Möwen mit ihrem Gekreische. Sie brüten auf dem Boden, oft umfassen die Kolonien Tausende von Paaren. Am häufigsten sieht man die an ihrem roten Schnabel erkennbare

Lachmöwe. Die Silbermöwe ist durch den roten Punkt auf dem gelben Schnabel von der Sturmmöwe zu unterscheiden. Die Region Westrügen–Bock–Zingst ist der bedeutendste Kranichrastplatz Mitteleuropas – bis zu 40 000 der beeindruckenden Großvögel rasten hier jeweils im Frühjahr und im Herbst.

Die Fischer fangen in der Ostsee vor allem Dorsch, Flunder oder Aal, in den Boddengewässern sind es Hecht, Barsch und Zander. Im Frühjahr sammeln sich große Heringsschwärme im Greifswalder Bodden. Nach Stürmen liegen zu Tausenden die Schalen der weißen bis gelben Herzmuschel und die der weiß bis rosa gefärbten Pfeffermuschel am Strand. Häufig wird auch die an der schwarzen Schale erkennbare Miesmuschel angetrieben.

In den Wäldern leben Reh-, Rot- und Damwild sowie Wildschweine.

FLORA

In dem von Natur aus waldarmen Mecklenburg-Vorpommern waren die ursprünglichen Erlen-, Buchen- und Eichenwälder rasch gefällt, denn Holz wurde als Baumaterial benötigt. Heute hat sich nur noch im Nationalpark Jasmund auf Rügen ein Buchenwald erhalten, der seit 2011 zum Weltnaturerbe der Unesco gehört. Stattdessen legte man großflächig Kiefernforste an, denn die Kiefer ist nicht nur schnellwüchsig, sie ist auch anspruchslos und für trockene und sandige Böden bestens geeignet. Sind Kiefern von Westwinden eigenartig bizarr verformt und wachsen ihre Kronen manchmal fast waagerecht zur windabgeschirmten Seite, werden sie Windflüchter genannt. Für das Fischland und den Darß sind diese skurril geformten Bäume typisch. Pittoresk verformt haben Wind und Sturm sowie die feuchte Seeluft auch

Die Natur erschafft ihre eigenen Kunstwerke, wie hier bei Prerow auf dem Darß

STICHWORTE

den Mischwald bei Nienhagen westlich von Rostock, der seit Jahrzehnten deshalb Gespensterwald heißt. Mit ein wenig Phantasie lassen sich Märchen- und Fabelwesen erkennen.

Unter Naturschutz stehen der Meerkohl, eine bis zu 70 cm hohe, buschartig verzweigte Pflanze, und die bis zu 40 cm hoch wachsende Stranddistel.

FRIEDRICH, CASPAR DAVID

Die Bilder des 1774 in Greifswald geborenen Malers haben die Ostseeküste Vorpommerns weit über Deutschlands Grenzen hinaus bekannt gemacht. Friedrich malte mit Vorliebe Naturerscheinungen sowie Landschaften. Zwei seiner berühmtesten Gemälde stellen die Klosterruine Eldena seiner Geburtsstadt und Kreidefelsen auf Rügen dar. Die immer wieder aufgestellte Behauptung, der Künstler habe die im Februar 2005 abgestürzten Wissower Klinken gemalt, konnte anhand von Skizzen widerlegt werden. Das Bild zeigt die Viktoriasicht zur Zeit der Romantiker. Sturm, Regen und Frost haben die Kreidefelsen seither gewaltig verändert. Das Pommersche Landesmuseum in Greifswald besitzt sieben Ölgemälde und ein Aquarell des Künstlers. Caspar David Friedrich war Mitglied der Berliner und der Dresdner Kunstakademie.

HANSE

Die Hanse lebt (wieder). 175 Städte aus 16 europäischen Ländern, die bereits im frühen Mittelalter der Hanse angehörten, bilden gegenwärtig die weltweit größte freiwillige Städtegemeinschaft. Von der Ostseeküste Mecklenburg-Vorpommern sind Wismar, Rostock, Stralsund, Anklam und Greifswald dabei. Im Mittelalter hatten die Mitglieder des Städtebündnisses geschworen, sich zu Wasser und zu Lande beizustehen, die wirtschaftlichen Interessen ihrer Kaufleute vor allem im Ausland zu sichern. Die heutige Hanse möchte den Geist des damaligen Zusammenwirkens wiederbeleben und die Zusammenarbeit verbessern. Einst trafen sich die Mitglieder des mächtigen Städtebündnisses zu Hansetagen, der letzte fand 1669 statt, um das gemeinsame Handeln abzustimmen. Auch in der Neuzeit werden wieder Hansetage einberufen: Seit 1990 ist jedes Jahr eine andere Stadt Gastgeberin und lädt zum Feiern und Kennenlernen ein. Rostock ist 2018 an der Reihe.

LEUCHTTÜRME

Zehn Leuchttürme geleiten an der Ostseeküste von Mecklenburg-Vorpommern auch heute noch Schiffe durch die Nacht. Diese werden zwar von ausgefeilter Elektronik gesteuert, doch die Leuchttürme sind ein zusätzliches Sicherungssystem, beispielsweise wenn die Elektronik oder die Stromversorgung versagt. Leuchtfeuerwärter gibt es heutzutage auf keinem Turm mehr, die moderne Technik hat sie überflüssig gemacht. In den letzten Jahren haben die Türme ihre Aussichtsplattformen für Besucher geöffnet, alle bieten einen grandiosen Rundblick. Der Leuchtturm Darßer Ort ist der älteste noch in Betrieb befindliche, seit 1848 leuchtet er den Schiffen den Weg. Das höchste Blinkfeuer eines deutschen Leuchtturms schickt der Buk bei Kühlungsborn in die Dunkelheit – aus 93,5 m Höhe. Das kann er, weil er auf den 78 m hohen Bastorfer Berg gesetzt wurde.

PLATTDEUTSCH

Nach dem Rückgang des Lateinischen war Plattdeutsch bzw. Niederdeutsch vom 14. Jh. an in Norddeutschland Amtssprache. Ab dem 16. Jh. nahmen der Adel und das Bürgertum das Hochdeutsche an; Plattdeutsch blieb die Umgangssprache der einfachen Menschen. Heute dient Plattdeutsch als Sammelbegriff für die verschiedenen, in Norddeutschland gesprochenen Dialekte, wobei das Mecklenburger und das vorpommersche Platt kaum Unterschiede aufweisen. Die Jungen sprechen kaum Plattdeutsch, die älteren Küstenbewohner in Mecklenburg-Vorpommern verwenden es dagegen noch häufig. Binnenländlern fällt es meist schwer, den Inhalt eines in Plattdeutsch geführten Gesprächs vollständig zu verstehen. Aber nur *Döösbaddel* (Dummköpfe) lernen nicht schnell, dass *kieken* gucken heißt, *klönen* sich unterhalten, *'n Lütten heben* einen Schnaps trinken und dass man hinterher *antütert* (angeheitert) sein kann.

SEEBRÜCKEN

Die Seebrücken erlebten nach der Einheit ein Comeback, denn ihr Wiederaufbau wurde mit erheblichen Geldmitteln gefördert. Zehn Brücken gibt es heute von Boltenhagen im Westen bis Ahlbeck im Osten. Für die Seebäder sind sie Statussymbol, für die Gäste Flaniermeile, für Schiffe Anlegestelle. In den meisten Fällen sind es schlichte Stege, die ins Meer hinausragen. Lediglich die Brücken in Sellin und in Heringsdorf bekamen moderne Aufbauten. Die ersten Seebrücken baute man im 19. Jh. zu einer Zeit, als sich die Straßen noch in schlechtem Zustand befanden und eine bequeme Anreise, beispielsweise im Westen von Lübeck und im Osten von Stettin, nur mit dem Schiff möglich war. Während des Zweiten Weltkriegs kümmerte sich niemand um den Erhalt der Brücken, die meisten zerstörten Eisquetschungen. Übrig geblieben war das Seebrückengebäude in Ahlbeck mit seinem rotbraunen Dach und den vier grünen Türmchen. Es wurde zum Wahrzeichen von Deutschlands zweitgrößter Insel und deutschlandweit bekannt, als Loriot das finale Familienessen in seinem Film „Pappa ante Portas" hier drehte.

STÖRTEBEKER

Klaus Störtebeker hat den Reichen genommen und den Armen gegeben, erzählt die Legende seit Jahrhunderten. Der sagenhafte Seeräuber wurde zum Robin Hood der Ostsee verklärt, insgesamt zwölf Städte und Dörfer beanspruchen ihn für sich. Einer der Sagen zufolge ist er in Ruschvitz auf Rügen geboren, eine andere erzählt, in einer Höhle am Streckelsberg bei Koserow auf Usedom habe er einen Schlupfwinkel besessen. In der Ostsee sicherten Störtebeker und Co. Ende des 14. Jhs. als Blockadebrecher die Lebensmittelversorgung Stockholms, als die Stadt von den Dänen belagert wurde. Als man sie aus der Ostsee vertrieb, wandelten sie sich zu Seeräu-

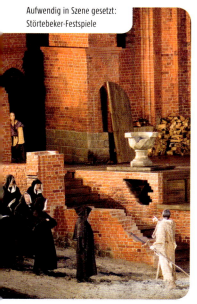

Aufwendig in Szene gesetzt: Störtebeker-Festspiele

bern und kaperten in der Nordsee Hansekoggen und englische Handelsschiffe. Bald begann die Hanse, sie zu jagen – mit Erfolg: 1401 köpfte der Scharfrichter Störtebeker und seine Gesellen in Hamburg. Jährlich erzählen die Störtebeker-Festspiele auf Rügen eine Geschichte aus dem Leben des Freibeuters, den Fakten wird eine Menge Theatergarn hinzugesponnen. Die Gäste mögen's, mehr als 300 000 Zuschauer verfolgen jährlich das aufwendig inszenierte Spektakel mit rund 130 Mitwirkenden und 20 Pferden.

STRANDKÖRBE

Weltruhm erlangte der Strandkorb im Jahr 2007. Eigens für den G-8-Gipfel in Heiligendamm fertigte man in der Strandkorbfabrik in Heringsdorf auf Usedom einen XXL-Strandkorb, in dem die Regierungschefs der führenden Industriestaaten Platz nahmen. Das Bild ging von Heiligendamm aus um den Erdball. Wenige Kilometer von Heiligendamm entfernt, am Strand von Warnemünde, stand 1882 der allererste Strandkorb. Der Rostocker Hofkorbmachermeister Wilhelm Bartelmann hatte für eine ältere, rheumakranke Dame einen mit Markisenstoff überdachten Rohrstuhl als Windschutz gebaut, der einem aufrecht stehenden Wäschekorb glich. Im Jahr darauf annoncierte Bartelmann im „Allgemeinen Rostocker Anzeiger": „Badegästen empfiehlt Bartelmann Strandkörbe als Schutz gegen Sonne und Wind ..." Und seine Ehefrau eröffnete 1884 in Warnemünde den ersten Strandkorbverleih an der Ostseeküste.

THALASSOTHERAPIE

Meerwasser heilt und macht schön. Das wussten schon die Römer und die alten Ägypter. In unseren Tagen wurde die Thalassotherapie *(thalassa* – griech.: Meer*)* wiederentdeckt und wird heute

Stumme Zeugen langer Strandtage

von mehreren Hotels angeboten. Doch können Sie sich einer Original-Thalasso-Behandlung in Deutschland bislang nur im Thalasso-Vital-Center Arkona Spa des Hotels Neptun in Rostock-Warnemünde *(www.hotel-neptun.de)* unterziehen. Dort füllt über eine Pipeline eingelassenes Meerwasser Pool und Wannen.

ZEESENBOOTE

Bis in die 1960er-Jahre waren die robusten, bis zu 12 m langen Zeesen- oder Zeesboote mit ihrem geringen Tiefgang und den braunen Segeln auf den flachen Boddengewässern zum Fischfang unterwegs. Benannt sind die in Deutschland einzigartigen Fischereifahrzeuge nach der Zeese, einem beutelartigen Schleppnetz, das durch das Wasser gezogen wurde. In den vergangenen Jahren erlebten die Zeesenboote ein Comeback als Regattasegler und für Touristenfahrten.

ESSEN & TRINKEN

Gastronomisch hat man an der Küste von Mecklenburg-Vorpommern ordentlich zugelegt. Die vom kargen Angebot diktierte Eintönigkeit der DDR-Küche gehört der Vergangenheit an.

Fleißig haben die Köche in Großmutters Kochbüchern gekramt und viele längst vergessene Rezepte hervorgeholt. Immer mehr von ihnen dürfen sich mit Kochlöffeln oder Sternen schmücken, die ihnen Gastronomieführer zuerkennen.

Wer an die Ostseeküste reist, möchte Fisch essen. Fisch war und ist der kulinarische Spitzenreiter, fast immer kommt er fangfrisch direkt vom Kutter in die Restaurantküche. Aus der Ostsee werden Hering, Dorsch, Flunder, Aal und Lachs geholt, aus den Boddengewässern vor allem Barsch, Zander, Karpfen und Hecht.

In den Monaten März und April dreht sich alles um den Hering, das „Silber des Meeres". Der Hering war bis Anfang des 20. Jhs. ein Essen für arme Leute; in seinen Beständen dezimiert, gilt er heute als Delikatesse. Auf Usedom und Rügen wird jährlich im April zu den „Heringswochen" geladen, bescheidener geben sich Wismar und Warnemünde, dort beschränkt man sich auf die „Heringstage". Hat der Hering gelaicht und ist weitergezogen, kommt der Hornfisch, der bis zu einem Meter lang wird, aus den portugiesisch-spanischen Gewässern zum Laichen in die Ostsee geschwommen. Der Hornfisch, auch Maiaal genannt, ist an grünen Gräten und der lang gezogenen, zylinderartigen Form mit dem spitz zulaufenden Maul zu erkennen. Auf Rügen

Bild: „Teepott" und Leuchtturm in Warnemünde

Fisch, Tüften und Köm: die gelungene Fusion aus der Experimentierfreude junger Sterneköche und alten Küchentraditionen

serviert man ihn zu den Hornfischtagen gern mit Stampfkartoffeln und Rhabarberkompott.

Die Fischer liefern ihre Ware nicht nur an Restaurants, viele bieten sie auch zum Verkauf an. Bereits am frühen Morgen weisen qualmende Räuchertonnen den Weg zu den Fischerhütten. Die Kunst des Räucherns wird von Generation zu Generation weitergegeben. Man muss den richtigen Zeitpunkt, an dem der Fisch goldgelb ist und sich die Haut leicht lösen lässt, im Gespür haben. Holz von Erle und Birke geben den Fischen vor allem die gute Farbe, das von Buche und Eiche den gewünschten Geschmack. Aber wie viel von welchem Holz zu nehmen und wann welches nachzulegen ist, das bleibt Geheimnis der Fachleute.

In den Küstenregionen konnten sich teure Köstlichkeiten einst nur wenige leisten, auf den Tisch der Fischer und Landarbeiter kam, was vor der Tür der rohrgedeckten Häuschen wuchs und was in den nahen Gewässern schwamm: Kartoffeln, Kohl, Rüben, Schweinefleisch, Geflügel

SPEZIALITÄTEN

▶ **Aal in Dillsauce** – Die Sauce besteht aus einem aus Wasser, Wein, fein gehackter Zwiebel, Lorbeerblatt und Zitronenschale hergestellten Sud, in dem der Aal gegart wird. Sie wird mit Sahne und Eigelb legiert. Fein gehackter Dill kommt ganz zum Schluss dazu.

▶ **Gänseweißsauer** – Sülze aus Gänsefleisch und Wurzelgemüse, serviert mit Bratkartoffeln

▶ **Gebratener Hornfisch** – In heißem Öl gebratene Fischstücke, die mit Senfsauce, Salzkartoffeln und frischem Salat serviert werden. Den grätenreichen Hornfisch gibt es allerdings nur im Frühsommer.

▶ **Gefüllter Schweinerücken** – Schweinerücken mit einer Hackfleischmasse gefüllt, unter die klein geschnittene Backpflaumen gemischt sind

▶ **Klopfschinken** – Rohe Schinkenscheiben werden einige Stunden in mit Muskat gewürzter Milch eingelegt, bevor sie in verquirltem Ei und Paniermehl gewendet und in Öl goldbraun gebacken werden. Als Beilage gibt es in Butter gebratene Waldpilze, grünen Salat, gedünstetes Gemüse und Kartoffeln.

▶ **Labskaus** – Durch den Fleischwolf gedrehte, gepökelte Rinderbrust vermischt mit einem Püree aus Kartoffeln, Heringsfilets und eingelegten Roten Beten. Von diesem alten Seefahrergericht gibt es mehrere Varianten, eins ist jedoch immer gleich: Auf das Labskaus kommt ein Spiegelei.

▶ **Matjes-Kartoffelsalat** – Gekochte Kartoffeln, Radieschen, Matjesfilets (Foto re.) mit einer Marinade aus Mayonnaise, Joghurt, Öl, Essig und Gewürzen

▶ **Mecklenburgische Fischsuppe** – Dorsch-, Zander-, Barsch- oder Bleistreifen sowie in Streifen geschnittenes Gemüse in einem Fischsud. Leicht sämig wird die Suppe durch Weizengrieß. Vor dem Servieren bestreut man sie mit frischen Küchenkräutern.

▶ **Mecklenburger Rippenbraten** – Gepökelte Schmorrippe gefüllt mit Äpfeln, Backpflaumen und Gewürzen. Aus dem Bratenfond wird eine Sauce gebunden, zu den Rippenscheiben reicht man Kartoffelklöße und grünen Salat.

▶ **Rote Grütze** – Johannis-, Erd- oder Himbeeren, auch Kirschen werden gekocht und mit Stärkemehl zu Grütze gebunden. Abgeschmeckt wird mit einer Prise Zimt. Man reicht die in den Küstenregionen beliebte Nachspeise mit Vanillesauce (Foto li.).

ESSEN & TRINKEN

und Fisch. Die *Tüften,* wie hierzulande Kartoffeln genannt werden, sind die beliebteste Beilage. Auf Usedom zeigen die Köche jährlich im Herbst zu den *Tüftentagen,* wie lecker sich die kleinen Knollen zubereiten lassen. Ähnlich steht es mit dem Kohl, der in der Vergangenheit in vielen Familien auf Rügen im Winter den Speiseplan bestimmte, denn Kohleintopf ließ sich mehrere Tage aufwärmen. Heute ist er kein Armeleuteessen mehr. Kohl, der auf der Rügener Halbinsel Wittow prächtig gedeiht, wird im Herbst sogar in Courmetrestaurants angeboten, wenn es auf Deutschlands größter Insel heißt: „Rügen im Kohlfieber". Ein weiterer herbstlicher Höhepunkt sind die „Kulinarischen Wochen" auf der Halbinsel Fischland, Darß, Zingst. Die Speisekarten bestimmen vorwiegend Produkte aus den regionalen Gewässern, Wäldern und Äckern, die kreativ zubereitet angeboten werden.

Manches, das die Mecklenburger und die Vorpommern mögen, ist für Fremde etwas gewöhnungsbedürftig. Denn Rosinen im Grünkohl, Backpflaumen im Gänse- oder Honig am Rippenbraten sind nun wirklich nicht allgemein üblich. Aber hier schätzt man eben die süßsaure Geschmacksrichtung. Etliches erinnert an die schwedische Küche, denn große Landesteile gehörten fast 200 Jahre lang zu Schweden. Anregungen für die heimische Küche brachten auch die über die Weltmeere schippernden Seeleute mit und später dann die Sommerfrischler, die aus allen Regionen Deutschlands angereist kamen.

Die Küstenwälder sind wildreich, und so bieten viele Köche ihren Gästen schmackhafte Wildgerichte an. Hirsch und Reh, aber auch Schwarzwild werden vorzüglich zubereitet. Die dazu notwendigen Kräuter stammen nicht selten aus dem eigenen Garten und die für die Geschmacksverfeinerung verwendeten Pilze und Beeren aus dem nahen Wald.

Am Nachmittag wird, vor allem auf Hiddensee, leckerer Sanddornkuchen angeboten. Köstlich schmecken auch Sanddorneis und Sanddornlikör. Der Sanddornstrauch wird bis zu 2 m hoch und entwickelt orangerote, sehr vitaminhaltige Früchte. In kleinen Restaurants

Elegant, gemütlich, mit Weitblick – überall finden Sie gute Restaurants

werden die Sanddornerzeugnisse meist aus selbst gepflückten Beeren zubereitet. Die Rezepte sind allerdings geheim. Wen in der kalten Jahreszeit nach einem Strandspaziergang friert, dem ist zum Aufwärmen ein *Köm* (klarer Kümmelschnaps) oder ein Grog zu empfehlen. Das Rezept dafür lautet: Auf zwei Stück Zucker gießt man so viel Rum oder Weinbrand, bis das Glas zur Hälfte voll ist, dann mit siedend heißem Wasser auffüllen. Nach dem Genuss wird jedem warm!

EINKAUFEN

Die Auswahl an typischen Mitbringseln reicht von maritimen Stücken bis zu Landschaftsbildern. In vielen Orten gibt es kleine, hübsche Geschäfte. In Boltenhagen im Westen und in Rambin auf Rügen im Osten wurden alte Scheunen zu Einkaufsmärkten umgestaltet. Hier bekommen Sie regionale Spezialitäten und regionales Kunsthandwerk in stimmungsvoller Umgebung.

BERNSTEIN- & GOLDSCHMUCK

An erster Stelle rangiert in der Gunst der Touristen nach wie vor Bernsteinschmuck, der an der Küste in großer Auswahl angeboten wird. Wer mehr ausgeben möchte, sollte eine Goldschmiede auf der Insel Rügen oder in Stralsund aufsuchen. Dort gibt es verkleinerte Nachbildungen des berühmten Hiddenseer Goldschmucks, den einst die Wikinger schufen und der heute im Kulturhistorischen Museum in Stralsund aufbewahrt wird, als Brosche, Anhänger oder Ring. Der aus 16 Einzelteilen bestehende Brustschmuck entstand vermutlich vor tausend Jahren. In der Originalform haben die Hängekreuze mit stilisiertem Vogelkopf eine Höhe von genau 6,4 bzw. 5 cm.

BUDDELSCHIFFE

Nach wie vor beliebt sind die Buddelschiffe, von denen die kleinsten nur streichholzschachtelgroß sind. Hinter der Bezeichnung verbirgt sich ein maßstabsgerechtes Schiffsmodell in einer Flasche, niederdeutsch *Buddel* genannt. Die aus Holz geschnitzten Schiffsteile und die Papiersegel werden mit einem Faden zusammengenäht und als längliches Paket durch den Flaschenhals geschoben. Die Masten richten sich in der Flasche durch Ziehen am Faden auf. Die Kunst besteht darin, dass die Masten nicht brechen.

KERAMIK

Wer Keramik liebt, sollte sich die Fischlandkeramik aus Ahrenshoop oder die Rügenkeramik aus Putgarten/Arkona und Middelhagen anschauen; die künstlerische Gestaltung und die gute Qualität rechtfertigen den Preis. Die kunstvollen Dekore basieren auf der Technik der Fayencemalerei und der Ritztechnik.

NATURPRODUKTE

Wer sich auch zu Hause mit Rügener Heilkreide verwöhnen möchte, kauft die

Buddelschiffe, Bernstein, Sanddorn und Leckereien sind beliebte Mitbringsel von einem Urlaub an der Küste

500-g-Packungen des Kreidewerks Klementelvitz, die auf Rügen in Apotheken, Bauernmärkten und Tourismusbüros angeboten wird. Zu den beliebtesten Souvenirs gehören Hühnergötter, durchlöcherte Feuersteine, die Glück bringen und die Sie, sofern Sie nicht am Strand fündig geworden sind, in ausgewählten Geschäften kaufen können.

REGIONALE SPEZIALITÄTEN

Zunehmender Beliebtheit erfreuen sich regionale Produkte, viele in Bioqualität. In zahlreichen Hofläden sind die Regale reich mit Leckereien gefüllt, von Honig über Gurkenmus bis zur Hausmacherwurst. Frisch geräucherter Fisch vom Fischer rangiert als Mitbringsel seit jeher ganz vorn. Im Rügenhof Arkona wird die Rügener Seekiste mit hausgemachter Wurst, Frischkäsebällchen, Honig und Rügenfisch in mehreren Größen und Preislagen angeboten, die Sie sich auch nach Hause schicken lassen können.

SANDDORN

Beliebt sind Erzeugnisse aus Sanddorn, das Angebot ist groß. Der Saft der orangefarbenen Beeren wird zu Fruchtsäften, Likören, Marmeladen und Tees verarbeitet. Neuerdings sogar zu Kosmetikprodukten, denn Sanddorn wirkt entzündungshemmend und fördert die Wundheilung, sogar bei Hautallergien hat er sich bewährt. Kein Wunder, Sanddorn enthält zehnmal mehr Vitamin C als eine Zitrone, was ihm die Beinamen „Ostseevitamine" und „Zitrone des Nordens" einbrachte.

STRANDKÖRBE

Wer ein größeres Souvenir erwerben und einen Strandkorb für die heimische Terrasse anschaffen will: In Heringsdorf gibt es die älteste deutsche *Strandkorbfabrik (Bülowstr./Ecke Brunnenstr.)*. Hier werden Strandkörbe auch nach individuellen Form- und Farbwünschen angefertigt.

DIE PERFEKTE ROUTE

STRAND, SCHLOSS & WELTKULTURERBE

Mit einem Spaziergang auf der 3 km langen naturbelassenen Strandpromenade in ❶ *Boltenhagen* → S. 32 beginnen Sie diese Tour. Von ❷ *Klütz* → S. 35 mit dem barocken Schloss Bothmer und dem Literaturhaus Uwe Johnson geht's per Auto zur Unesco-geschützten Altstadt von ❸ *Wismar* → S. 38 mit Mecklenburgs größtem Marktplatz und drei hoch aufragenden Backsteinkirchtürmen.

DAMPFLOKFAHRT

In ❹ *Kühlungsborn* → S. 46 steigen Sie in die Schmalpurbahn „Molli" und lassen sich wie zu Urgroßvaters Zeiten von einer schnaufenden Dampflok über ❺ *Heiligendamm* → S. 43 nach ❻ *Bad Doberan* → S. 43 ziehen, wo Sie sich vor der Rückfahrt das Münster ansehen.

HANSESTADT MIT SEEBAD

Weiter geht es nach ❼ *Rostock* → S. 51. Nach einem Bummel durch die Innenstadt bringt Sie ein Schiff ins zugehörige Seebad ❽ *Warnemünde* → S. 51 (Foto li.). Dort duftet es am Alten Strom nach Räucherfisch, laden Boutiquen und Restaurants zum Stöbern und Schlemmen ein. Mit einem Fischbrötchen in der Hand geht es wieder aufs Wasser zu einer Hafenrundfahrt.

KUNST- & NATURIMPRESSIONEN

Viel Kunst zum Angucken und Kaufen wartet in ❾ *Ahrenshoop* → S. 57 (Foto re.) auf Sie. Von ❿ *Prerow* → S. 64 radeln Sie zum Darßer Ort und zum urigen Weststrand mit seinen bizarren Windflüchtern. Das Auto bringt Sie wieder zur nächsten Station: ⓫ *Stralsund* → S. 82. Sind der Alte Markt mit dem backsteinernen Rathaus und die gigantische St.-Nikolai-Kirche besucht, lädt Sie das Ozeaneum auf eine ganz besondere Unterwasserreise ein.

AUF DER KREIDE-INSEL

Über den Rügendamm gelangen Sie auf Deutschlands größte Insel. Dort steigen Sie im ⓬ *Jagdschloss Granitz* → S. 76 die 154 Stufen der gusseisernen Treppe hoch, um den grandiosen Rundblick über Rügen zu genießen. In ⓭ *Binz* → S. 74 heißt es an warmen Sommertagen: hin zum feinen Sandstrand und ab ins Ostseewasser! Das nächste Ziel ist Rügens berühmtester Kreidefel-

Kunstkaten

Erleben Sie die vielen Facetten der Ostseeküste von West nach Ost mit Abstechern auf die Inseln Rügen, Hiddensee und Usedom

sen, der ⑭ *Königsstuhl* → S. 80 mit dem Nationalparkzentrum. Am ⑮ *Kap Arkona* → S. 80 können Sie im Rügenhof Arkona Handwerkern über die Schulter gucken und in rügentypischen Produkten stöbern, bevor Sie weiter nach ⑯ *Vitt* laufen, das sich in einer Schlucht am Steilufer versteckt.

VON DER IDYLLE IN DIE VERGANGENHEIT

Nicht weit ist es nach ⑰ *Schaprode*, wo die Fähren nach ⑱ *Hiddensee* → S. 77, Rügens kleiner Schwester, auslaufen. Auf der idyllischen Insel dürfen keine privaten Autos fahren, es gibt weder Disko noch Kurpromenade. ⑲ *Greifswald* → S. 89 heißt das nächste Ziel, wieder auf dem Festland. Dort tauchen Sie in die Vergangenheit ein: In der Geburtsstadt Caspar David Friedrichs präsentiert das Pommersche Landesmuseum auf moderne Art seine reichen Schätze.

BÄDERARCHITEKTUR MIT WEITBLICK

Eine Brücke führt vom Festland nach Usedom, wo Sie in ⑳ *Heringsdorf* → S. 91 die Strandpromenade entlang- und die parallel verlaufende Delbrückstraße zurückbummeln: Bäderarchitektur vom Feinster erwartet Sie hier! Zum Schluss schlendern Sie in ㉑ *Ahlbeck* → S. 84 die Seebrücke hinaus, schauen aufs Meer und nehmen die blinkenden Grüße vom Leuchtturm der kleinen Insel Greifswalder Oie und dem von ㉒ *Swinemünde* → S. 87, Usedoms größtem, zu Polen gehörendem Ort, entgegen.

530 km. Reine Fahrzeit: 12 Stunden. Empfohlene Reisedauer: 5 Tage. Detaillierter Routenverlauf auf dem hinteren Umschlag, im Reiseatlas sowie in der Faltkarte

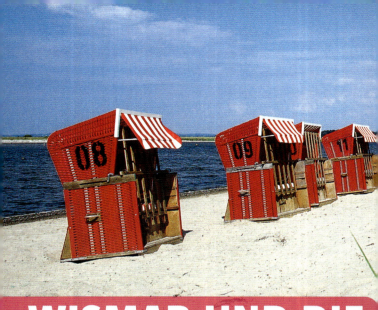

WISMAR UND DIE WISMARBUCHT

Wie fast überall an der Küste: Trubel hier, Ruhe dort. Wismar, die alte Hansestadt mit ihren wuchtigen roten Backsteinbauten, lockt als Welterbe und mit einer bewegten Geschichte.

Wie auch anderswo in dieser Region werden die Bewohner hin und wieder spöttisch als Fischköppe bezeichnet, was sie nicht besonders gern hören. Die Bezeichnung Südschwede dagegen mögen sie sehr. Über 250 Jahre, bis 1903, gehörten Wismar und Poel zu Schweden. An diese Zeit erinnern in Wismar Bauwerke, Hausbezeichnungen und das jährlich stattfindende Schwedenfest. Wer Wismar in Richtung Westen verlässt, kommt zum Klützer Winkel mit dem quirligen Ostseebad Boltenhagen, scherzhaft „Speckwinkel" genannt, denn das Gebiet rund um das Städtchen Klütz gilt als eines der fruchtbarsten in Norddeutschland. Östlich von Wismar trennt ein schmaler, flacher Wasserstreifen die ruhige Insel Poel und das Festland. Breitling nannte man sinnigerweise den maximal nur 1 km breiten Meeresarm.

BOLTENHAGEN

(123 D2) *(M D6)* ★ **Boltenhagen (2500 Ew.) am Westrand der Wismarbucht kann für sich den Ruhm beanspruchen, nach Heiligendamm und Travemünde das drittälteste Ostseebad Deutschlands zu sein. Bereits im Jahr**

Bild: Insel Poel

Von Schwedenköpfen und dem „Speckwinkel": Seebadtradition, bedeutende Baudenkmäler und ursprüngliche Landschaften

1803 stand der erste Badekarren am Boltenhagener Strand.

Charakteristisch für Boltenhagen sind der steinfreie, flach ins Meer führende Strand, villenartige Ferienhäuser und ein idyllischer Wald- und Wiesenstreifen zwischen dem Strand und der Promenade. Der Stolz des traditionsreichen Familienbads, das zu seinen Unterkünften besonders viele Ferienwohnungen zählt, sind die 290 m lange Seebrücke sowie die moderne, erst vor wenigen Jahren gebaute Marina.

ESSEN & TRINKEN

FISCHRESTAURANT BLINKFÜR
Der Leuchtturm weist den Weg: urigmaritimer Gastraum und Fischspezialitäten. Hauseigene Räucherei. *März–Okt. tgl., Nov.–Feb. Fr–So | Ostseeallee 64 | Tel. 038825 22114 | www.blinkfuer-boltenhagen.de | €€*

DEICHLÄUFER
Fischrestaurant an der Strandpromenade. Große Auswahl an frisch zubereiteten

BOLTENHAGEN

Fahrräder statt Autos, Ferienhäuschen statt Hotels: In Boltenhagen geht's geruhsam zu

Fischgerichten. Schöner Blick auf die Ostsee. *Tgl. (im Winter wechselnde Ruhetage) | Dünenweg 6 | Tel. 038825 2 99 45 | www.deichlaeufer-boltenhagen.de | €*

VILLA SEEBACH
Eine der Saison angepasste Speisekarte: Scholle, Hering, Dorsch – frischer Ostseefisch sowie frisch zubereitete Spezialitäten aus der Mecklenburger Küche. Im Sommer sitzt es sich besonders schön im Rosengarten. *Tgl. | Mittelpromenade 28 | Tel. 038825 3150 | www.villa-seebach.de | €€*

EINKAUFEN

BAUERNMARKT REDEWISCH
Zum Stöbern, Entdecken, Probieren und Verweilen: In einer ausgemusterten Traktorenhalle ist ein Markt für regionale Produkte entstanden. Sie finden dort Glas und Keramik aller Art, Sanddornprodukte, Korbwaren, Maritimes, Weine, Säfte und Wurstwaren. Im Café gibt es hausgebackenen Kuchen und Deftiges. *Tgl. | Dorfstr. 23c | www.bauernmarktredewisch.de*

FREIZEIT & SPORT

Von der Seebrücke legen regelmäßig Schiffe zu Ausflugsfahrten zur Insel Poel, nach Wismar und zum Timmendorfer Strand ab. Die *Marina Boltenhagen* (www.marina-boltenhagen.de) auf der Halbinsel Tarnewitz bietet 350 Liegeplätze. Tauchen lernen kann man in den Sommermonaten in der *Tauchschule Nord* (www.tauchschule-nord.de) im Regenbogen-Camp und am Strand Weiße Wiek. Badevergnügen in Meerwasser

WISMAR UND DIE WISMARBUCHT

mit Sauna und Wannenbädern verspricht die *Ostsee-Therme (Ostseeallee | www.ostsee-therme-boltenhagen.de)*. Pferde für einen Ritt durch Wald und über Wiesen werden im *Reiterhof Gabriel (Ostseeallee 40c)* gesattelt. Für Schlechtwettertage gibt es die Reithalle.

ÜBERNACHTEN

In Boltenhagen stehen neben den Hotels zahlreiche Ferienwohnungen, Apartments und Ferienhäuser zur Verfügung. Online-Buchungen bieten: *www.urlaub-in-boltenhagen.de, www.boltenhagen.com, www.os-se-bo.de, www.boltenhagen-zimmer-frei.de*

SEEHOTEL GROSSHERZOG VON MECKLENBURG

Familienfreundliches First-Class-Hotel mit Schwimmbad unterm Dach und Wellnessbereich (auch Massagen, Kosmetikbehandlungen). Das großzügige, aber gemütliche Haus ist nur durch die Promenade vom feinsandigen Ostseestrand getrennt. Das 🙂 Restaurant ist biologisch ausgerichtet, die Zutaten kommen vorrangig von den Biohöfen aus der Region. *149 Zi. | Ostseeallee 1 | Tel. 038825 5 00 | www.seehotel-boltenhagen.de | €€€*

HOTELANLAGE TARNEWITZER HOF

Nette Anlage mit 18 Zimmern, Apartments, Wohnungen sowie der Villa „Dat witte Huus" (bis zu 8 Pers.), sehr ruhig gelegen und persönlich geführt. *Dorfstr. 15 (OT Tarnewitz) | Tel. 038825 2 98 41 | www.tarnewitzer-hof.de | €*

AUSKUNFT

TOURIST-INFORMATION
Ostseeallee 4 | 23946 Ostseebad Boltenhagen | Tel. 038825 36 00 | www.boltenhagen.de

ZIELE IN DER UMGEBUNG

KLÜTZ (122 C2) (*M C6*)

Hauptattraktion der kleinen Stadt (3000 Ew., 6 km, *www.kluetzer-winkel.de*) im hügeligen Klützer Winkel ist *Schloss Bothmer,* Mecklenburgs größter barocker Schlosskomplex. Blenheim Castle beim englischen Woodstock diente als Vorbild; der Park dagegen ähnelt dem Großen Garten zu Herrenhausen in Hannover. Ein Juwel der Gartenbaukunst ist die in Deutschland einzigartige, etwa 270 m lange Festonallee, die der ehemalige Hauptzufahrt zum Schloss war. Die Linden, die sie säumen, werden regelmäßig so beschnitten, dass ihre Äste miteinander verwoben sind. Beliebt sind im Sommer die Konzerte der Festspiele Mecklenburg-Vorpommern, für die Park und Schloss eine stimmungsvolle Kulisse bilden. Wegen umfangreicher Sanierungsarbeiten ist das Schloss zurzeit nicht

---

MARCO POLO HIGHLIGHTS

⭐ **Boltenhagen**
Villenartige Ferienhäuser aus der Wende zum 20. Jh.
→ S. 32

⭐ **Insel Poel**
Sandstrände, Steilküste und eine weite Boddenlandschaft
→ S. 36

⭐ **Marktplatz Wismar**
Der Marktplatz mit Patrizierhäusern und Rathaus ist das Zentrum der zum Weltkulturerbe erklärten Altstadt → S. 39

⭐ **Phantechnikum**
Technisches Erlebnismuseum zum Staunen, Anfassen und Mitmachen → S. 39

INSEL POEL

zu besichtigen, der Park ist jedoch tgl. zugänglich. *www.mv-schloesser.de*

Ein ehemaliger Getreidespeicher wurde zum *Literaturhaus Uwe Johnson (April–Okt. Di–So 10–17, Nov.–März Do–So 10–16 Uhr | Im Thurow 14 | Tel. 038825 2 23 87 | www.literaturhaus-uwe-johnson.de)*. Eine Dauerausstellung informiert über den Schriftsteller, in dessen Werken Klütz als fiktiver Ort „Jerichow" beschrieben wird, und veranstaltet interessante Lesungen, Diskussionen und Workshops. Bis zu 600 bunte Schmetterlinge flattern im ● *Schmetterlingspark (April–Okt. tgl. 9.30–17.30 Uhr | An der Festwiese 2 | Tel. 038825 26 39 87 | www.schmetterlingsgarten.de)*, darunter der Atlasseidenspinner mit einer Flügelspannweite von bis zu 30 cm.

Im historischen Ambiente einer auf einem Hügel stehenden Galerieholländermühle, die noch bis in die 1960er-Jahre in Betrieb war, etablierte sich das Restaurant *Klützer Mühle (Mo geschl., Winter nur Sa/So | An der Mühle 35 | Tel. 038825 2 21 02 | www.kluetzer-muehle.de | €€)* mit bodenständiger mecklenburgischer Küche.

STELLSHAGEN (122 C2) (*M C6*)

Das malerisch in die stille Landschaft eingebettete ☺ *Gutshaus Stellshagen*, 10 km von Boltenhagen, mit Park und Badeteich ist Bio- und Gesundheitshotel mit eigener Landwirtschaft. Das Anwesen wurde baubiologisch saniert, das *Restaurant (tgl. | Lindenstr. 1 | Tel. 038825 4 40 | www.gutshaus-stellshagen.de | €€–€€€)* bietet zu allen Mahlzeiten eine **INSIDER TIPP** hochwertige vegetarische Vollwertküche als Büfett. Schwedenrot leuchtet das Saunahaus mit Biosauna, finnischer Sauna und Tecaldarium, daneben glitzert der naturbelassene Badeteich, dessen Reinigung auf natürlicher Basis durchgeführt wird. Zum Haus gehören weiterhin das *Tao-Gesundheitszentrum* mit zahlreichen Angeboten wie Naturheilverfahren, Ayurveda, Sport und Massagen sowie der *Gutshausladen*, den Sie nach Büchern, Musik und vielen schönen Produkten durchstöbern können.

LOW BUDGET

▶ Rustikale Fisch- und Fleischgerichte gibt es für 5,30–9,90 Euro, Gerichte für den kleinen Hunger sind schon für 3–6 Euro zu haben. Und den Meeresblick gibt es gratis dazu: Wo? Im Restaurant *Zur Düne (tgl. | Strandpromenade 15 | Tel. 038825 2 98 69 | www.restaurant-zur-duene.de)* in Boltenhagen.

▶ Auf die *Kurkarte* werden in Boltenhagen zahlreiche Vergünstigungen gewährt, z. B. freier Eintritt zu ca. 300 Veranstaltungen im Kurpark.

INSEL POEL

(123 E1–2) (*M D–E 5–6*) ★ **Die 37 km² große Insel Poel (2800 Ew.), die erst 2005 zum Seebad ernannt wurde und somit das jüngste in Mecklenburg ist, glänzt mit herrlichen kilometerlangen Sandstränden, einer Steilküste und einer weiten Boddenlandschaft.**

Wegen der geringen Wassertiefe in den Uferbereichen – ideal zum unbeschwerten Planschen – ist die Insel vor allem bei Familien mit kleinen Kindern beliebt. Streng genommen dürfte sich Poel jedoch gar nicht mehr Insel nennen, denn eine Brücke und ein Damm stellen die Verbindung zum Festland her. Vom ☀ Wall der ehemaligen Festung, die im

WISMAR UND DIE WISMARBUCHT

Dreißigjährigen Krieg zerstört wurde, fasziniert der schöne Blick auf den Seglerhafen des Hauptorts *Kirchdorf*. Die Insel gilt auch als Radlerparadies, im flachen Land sind kaum Steigungen zu bewältigen. Weiterhin bieten sich unzählige Möglichkeiten für sportliche Betätigungen zu besichtigen, eine kleine Baumschule wird gerade angelegt. Im Veranstaltungshaus nebenan stellen Künstler aus, finden Vorträge, Konzerte und Lesungen statt. *Mitte Mai–Mitte Sept. Di–So 10–16, Mitte Sept.–Mitte Mai Di/Mi, Sa 10–12 Uhr | Möwenweg 4 | Kirchdorf*

Die Insel Poel ist ein ideales Ziel für naturnahen Familienurlaub

zu Wasser und zu Land. Motorbootausflüge, Segeltörns, Wasserski und Kitesurfing sind ebenso beliebt wie Beachvolleyball, Wandern oder Nordic Walking.

SEHENSWERTES

INSELMUSEUM
Das Museum in der ehemaligen Dorfschule von 1806 präsentiert umfangreiche Sammlungen zur Natur- und Heimatkunde der Insel Poel. Im Außenbereich sind die Modellanlage „Feste Poel" im Maßstab 1:10 sowie der Findlingsgarten

ESSEN & TRINKEN

POELER FORELLENHOF ●
Vorzüglich ist der frische oder direkt aus der hauseigenen Räucherei kommende Fisch. *Tgl. | Niendorf | Tel. 038425 42 00 | www.poeler-forellenhof.de | €–€€*

RESTAURANT STILBRUCH
Einfache Holzstühle und Tische, familiäre Atmosphäre: abwechslungsreiche, mediterrane Küche, selbst gebackener Kuchen. *Tgl., Nebensaison Fr–So | Gollwitz | Tel. 038425 4 22 46 | €*

WISMAR

Die Marienkirche begrüßt die in Wismar einlaufenden Schiffe

ÜBERNACHTEN

APPARTEMENTHOTEL GUTSPARK WANGERN
Ehemaliges Gutshaus in einem großen Park mit altem Baumbestand: 13 individuelle Ferienwohnungen, Wirtshaus mit regionaler Küche. *Wangern | Tel. 038425 44 40 | www.insel-poel.com | €€*

INSELHOTEL POEL
Die großen Fensterfronten machen die großzügigen Zimmer hell und freundlich. Viele Freizeitmöglichkeiten mit Schwimmbad, Sauna. Kinder lieben die geduldigen Ponys und Esel. *48 Zi. | Gollwitz | Tel. 038425 2 40 | www.inselhotelpoel-gollwitz.de | €€€*

AUSKUNFT

KURVERWALTUNG
Wismarsche Str. 2 | 23999 Kirchdorf | Tel. 038425 2 03 47 | www.insel-poel.de

WISMAR

KARTE IM HINTEREN UMSCHLAG
(123 E3) (*M* E6–7) Aus der Silhouette der 1226 gegründeten Stadt Wismar (44 500 Ew.) ragt der 700 Jahre alte Turm der Marienkirche als Wahrzeichen heraus.

Etwa 300 Baudenkmäler gibt es in der zum Weltkulturerbe gehörenden Altstadt Wismars, das im Mittelalter zu den bedeutenden Mitgliedern der Hanse zählte. An die bis 1903 dauernde Schwedenzeit erinnern u. a. die beiden sogenannten *Schwedenköpfe* (gusseiserne, bemalte Poller) vor dem barocken Baumhaus am Alten Hafen. Der Weg zu den Liegeplätzen der Schiffe führt am 500 Jahre alten Wassertor vorbei, dem letzten der einst fünf Stadttore der Hansestadt.

FREIZEIT & SPORT

Schiffe starten zu Ausflugs- und Angelfahrten ab Hafen Kirchdorf *(www.reederei-clermont.de)*. Kleine Motorboote stehen in Niendorf beim *Poeler Forellenhof* bereit. Surfen und Segeln sind am Timmendorfer Strand und im Surfrevier Hinter Wangern möglich. Reitunterricht, Reiterferien und Kutschfahrten bietet der *Reiterhof Plath (www.reitanlage-plath.de)* in Timmendorf. Lassen Sie sich diese Gelegenheit nicht entgehen: Zu den schönen Urlaubserlebnissen auf Poel gehört, gemächlichen Schritts an Rapsfeldern und Wiesen vorbei zum Strand zu reiten und dort das Ostseewasser unter den Hufen spritzen zu lassen.

WISMAR UND DIE WISMARBUCHT

SEHENSWERTES

MARIENKIRCHTURM
Die im 14. Jh. erbaute Ratskirche galt als einer der bedeutenden Backsteinbauten im norddeutschen Raum. Die Ruine der im Krieg zerstörten Kirche wurde bis auf den Turm 1960 abgetragen. Das aus 14 Chorälen bestehende INSIDER TIPP Glockenspiel erklingt um 12, 15 und 19 Uhr. *Marienkirchhof | Sargmacherstr.*

MARKTPLATZ ★
Mit der Größe von eineinhalb Fußballfeldern ist Wismars Marktplatz der größte in Mecklenburg-Vorpommern, er bildet das Zentrum der Unesco-geschützten Altstadt. Blickfang in der Südostecke ist der zwölfeckige Bau der *Wasserkunst* (Ende 16. Jh.). Die Nordseite nimmt das klassizistische Rathaus ein. Im *Rathauskeller (tgl. 10–18 Uhr),* mit 53 x 17 m eine der größten mittelalterlichen Kelleranlagen Norddeutschlands, wird die Ausstellung „Wismar – Bilder einer Stadt" gezeigt. Beachtenswerte Giebelhäuser zieren die Ost- und Südseite, herausragend das Bürgerhaus *Alter Schwede* aus dem 14./15. Jh.

PHANTECHNIKUM ★
Feuer, Wasser, Luft und Erde: Mit diesen Ausstellungsbereichen wird die Technikgeschichte Mecklenburg-Vorpommerns präsentiert. Im Erlebniszentrum erwarten Sie Modelle zum Anfassen und verschiedene Experimentierstationen. Selbst zum Erfinder werden die Besucher in der INSIDER TIPP Erfinderfabrik, der Erfinderpass winkt als Belohnung. *Juni–Sept. tgl. 10–19, Okt.–Mai Di–So 10–18 Uhr | Zum Festplatz 3 | www.phantechnikum.de*

ST. GEORGEN
Im Mai 2010 feierte Wismar die Vollendung des Wiederaufbaus der Georgenkirche, die auch als Veranstaltungsort genutzt wird. Das Ende des Zweiten Weltkriegs weitgehend zerstörte Gotteshaus, einer der großartigsten Backsteinbauten Nord- und Ostdeutschlands, war zu DDR-Zeiten zur Ruine verkommen. Seine Wiedergeburt erlebte es als größtes Förderprojekt der Deutschen Stiftung Denkmalschutz seit 1990. *Georgenkirchhof*

ST. NIKOLAI ●
Hervorragendes Beispiel norddeutscher Backsteingotik. Das Kirchenschiff ist mit 37 m das dritthöchste Deutschlands. Eine Sehenswürdigkeit: der Schnitzaltar, der mit 10 x 4 m zu den monumentalsten seiner Art an der Ostseeküste gehört. *Nikolaikirchhof*

STADTGESCHICHTLICHES MUSEUM
Wissenswertes zur Stadtgeschichte und Maritimes im 400 Jahre alten Schabbell-

„Alter Schwede": Die Gaststätte gab dem Bürgerhaus den Namen

WISMAR

haus. *Wegen Sanierungsarbeiten bis voraussichtlich 2014 geschl. | Schweinsbrücke 8 | www.schabbellhaus.de*

ESSEN & TRINKEN

BIOBISTRO AVOCADOS 🌱
Kleines, gemütliches Bistro, das sich der leichten vegetarischen Bioküche verschrieben hat. Der Chef verarbeitet die hochwertigen, biologisch erzeugten Zutaten zu leckeren Speisen, und das in der offenen Küche vor den Augen der Gäste und zu erschwinglichen Preisen. *Sa/So geschl. | Hinter dem Chor 1 | Tel. 03841 30 33 33 | €–€€*

ZUR REBLAUS
Wein- und Kaffeestube. Selbst gebackene Kuchen und Torten, erlesene Tropfen, kleine Leckereien, die Sie im Sommer im lauschigen Innenhof genießen können. *Mai–Sept. tgl. ab 14 Uhr, Okt.–April Mo geschl. | Neustadt 9 | Tel. 03841 4 05 56 | www.zur-reblaus.de | €*

REUTERHAUS
Schon der berühmte niederdeutsche Dichter Fritz Reuter wohnte in dem nach ihm benannten Haus. Frisch zubereitete, bodenständige Gerichte werden im Restaurant mit historischer Möblierung gereicht. Auch zehn Zimmer. *Tgl. | Am Markt 19 | Tel. 03841 2 22 30 | www.reuterhaus-wismar.de | €€*

TO'N ZÄGENKROG
Die „Ziege" täuscht, schon seit über 100 Jahren herrscht hier maritimes Flair: Sie befinden sich in einem renommierten, aber gemütlichen Fischspezialitätenrestaurant. Was die Poeler und Wismarer Fischer anlanden, bestimmt die Speisekarte. *Tgl. | Ziegenmarkt 10 | Tel. 03841 28 27 16 | www.ziegenkrug-wismar.de | €€*

EINKAUFEN

In der Innenstadt rund um den Markt und in den Straßen und Gassen bis zum Hafen haben sich die meisten Geschäfte angesiedelt. Im Kellergewölbe der *Hanse-Sektkellerei (Turnerweg 4 | www.hanse-sektkellerei.de)* können Sie Weine und im Champagnerverfahren gegärte Sekte im Fabrikverkauf probieren und erwerben. In der *Galerie Roolf (Scheuerstr. 6 | www.galerie-roolf.de)* beeindrucken handgefertigte Gebrauchskeramik, Skulpturen und Malerei.

FREIZEIT & SPORT

Badespaß in der ● *Erlebnis- und Wohlfühlwelt Wonnemar (tgl. | Bürgermeister-Haupt-Str. 38 | Tel. 03841 32 76 23 | www.wonnemar.de)*: Abenteuerwellenbecken, 25 m langes Schwimmbecken, Wellness- und Beauty-Spa sowie ein Saunadorf mit acht Saunen. Von der ✹ Panoramasauna eröffnet sich ein herrlicher Blick auf die Stadt mit St. Georgen und St. Marien. Hafen- und Seerundfahrten werden ab Hafen Wismar angeboten. Mitsegeln auf einem Katamaran in der Wismarer Bucht unter *www.mitsegeln-wismar.de*. Infos zu Segeltörns und Ausbildung ab Wismar-Wendorf: *www.wassersport-wismar.de*

AM ABEND

Musikalischen Hochgenuss versprechen die Konzerte des NDR-Sinfonieorchesters in der *Georgenkirche*. Livebands spielen jedes Wochenende auch im *Brauhaus am Lohberg (Kleine Hohe Str. 15 | www.brauhaus-wismar.de)*. Im *Theater der Hansestadt (Philipp-Müller-Str. | Tel. 03841 3 26 04 14 | www.ndbwismar.de)* gastiert auch die *Niederdeutsche Bühne Wismar e. V.*

WISMAR UND DIE WISMARBUCHT

ÜBERNACHTEN

PENSION CHEZ FASAN
Die Gäste schätzen die familiäre Atmosphäre in den drei zusammenliegenden, sanierten Altstadthäusern. *25 Zi. | Bademutterstr. 20a | Tel. 03841 213425 | www.pension-chez-fasan.de | €*

HOTEL SEEBLICK
Direkt an Strand und Seebrücke im Stadtteil Bad Wendorf liegt das modernisierte, komfortable Hotel. *54 Zi. | Ernst-Scheel-Str. 27 | Tel. 03841 62740 | www.hotel-seeblick-wismar.de | €€*

STEIGENBERGER HOTEL STADT HAMBURG
104 wohnlich eingerichtete Zimmer hinter einer denkmalgeschützten Fassade. *Am Markt 24 | Tel. 03841 2390 | www.wismar.steigenberger.de | €€–€€€*

AUSKUNFT

WISMAR-INFORMATION
Am Markt 11 | 23966 Wismar | Tel. 03841 19433 | www.wismar.de

ZIEL IN DER UMGEBUNG

DORF MECKLENBURG (123 E3) (*E7*)
An die slawische *Mikilinburg*, die 995 erstmals urkundlich erwähnt wurde, erinnert nur noch eine Wallanlage nahe der Kirche. Die einstige Burg gilt als „Wiege des Lands", denn von ihr hat es schließlich den Namen. In der *Windmühle* von 1849 etablierte sich ein Restaurant, in dem auf drei Ebenen Spezialitäten aus Mecklenburg angeboten werden. Übernachten können Sie nebenan im *Hotel Mecklenburger Mühle (40 Zi. | Tel. 03841 3980 | www.hotel-mecklenburger-muehle.m-vp.de | €)*. 7 km

Bei einem Bummel durch Wismars Altstadt finden Sie überall nette Cafés für eine Pause

ROSTOCK UND UMGEBUNG

Berühmt wurde Bad Doberan durch eine gotische Klosterkirche, heute bekannt als Doberaner Münster. Seit über hundert Jahren dampft eine kleine Schmalspurbahn – der legendäre „Molli" – durch die Straßen der Stadt und weiter nach Kühlungsborn.

Auf halber Strecke liegt Doberans Seebad Heiligendamm, in dem 1793 das Badeleben an der Ostsee seinen Anfang nahm und das sich vorgenommen hat, wieder eines der exklusivsten Seebäder Europas zu werden. Doch um dieses Ziel erreichen zu können, müssen noch etliche Investoren gefunden werden.

Lebhafter geht es am imponierenden Sandstrand des benachbarten Kühlungsborn zu, der Endstation des „Molli". Kühlungsborn, das größte Ostseebad Mecklenburgs, ist, ebenso wie das kleine Rerik, besonders bei Familien beliebt. Viel Kunst und Kultur hält vor allem die Hansestadt Rostock mit dem Badevorort Warnemünde bereit, der mit seinen kleinen Häusern, den Kopfsteinpflastergassen und Dutzenden von Kuttern und Yachten, die am Alten Strom festgemacht haben, Atmosphäre besitzt. Besonders für Landratten ist es spannend, den riesigen Kreuzfahrtschiffen beim Ein- und Auslaufen zuzusehen.

Wer Ruhe sucht, der besteigt in Warnemünde die Fähre und lässt sich über den Neuen Strom nach Hohe Düne übersetzen. Dort, hinter Markgrafenheide, beginnt das große Waldgebiet der Rostocker Heide, das sich bis Graal-Müritz hinzieht.

Bild: Rostock

Badefreuden und Backsteingotik: Sandstrände, Steilküsten und viel Wald umrahmen die alte Hansestadt

BAD DOBE-RAN/HEILI-GENDAMM

(124 C3) *(M G5)* **Anziehungspunkte von Bad Doberan (12 300 Ew.) sind das Münster und die Kleinbahn „Molli".** Parallel zu einer Lindenallee und am Mischwald Großer Wohld vorbei schnauft der Zug zunächst dem 6 km entfernten Ortsteil *Heiligendamm* zu. Das Schweriner Herzogshaus hatte Doberan zur Sommerresidenz erkoren, und am Heiligen Damm nahmen Durchlaucht und seine Gäste ein Bad in der Ostsee.

Wegen seiner weißen, klassizistischen Gebäude bekam Heiligendamm, heute ein Ortsteil von Bad Doberan, den Beinamen „weiße Stadt am Meer". An die Badgründung erinnert ein 220 t schwerer Granitstein neben dem Grandhotel. Noch aus den Anfangsjahren des Seebads stammt das Kurhaus.

BAD DOBERAN/HEILIGENDAMM

Gotik in Bad Doberan: das Münster

Die zu DDR-Zeit heruntergewirtschafteten Häuser Heiligendamms standen nach der Einheit lange leer, mit dem Dornröschenschlaf war es im Mai 2003 dann vorbei. Unter Federführung des amerikanischen Architekten Robert A. M. Stern entstand das Grand Hotel Heiligendamm, das fünf denkmalgeschützte Bauwerke – darunter das Kurhaus – und mit dem Severin-Palais einen gut angepassten Neubau umfasst.

SEHENSWERTES

EHM-WELK-HAUS
In dem schlichten Klinkerbau lebte der Erzähler und Dramatiker Ehm Welk von 1950 bis zu seinem Tod 1966. Zu sehen ist das Arbeitszimmer des Autors von „Die Heiden von Kummerow" (1937) mit der 5000 Bände umfassenden Bibliothek. Im Wohnzimmer finden kleine Konzerte, Lesungen, Kabarettabende und Ausstellungen statt. *Di–Sa 13–16 Uhr | Dammchaussee 23*

MÜNSTER ★
Ein Highlight norddeutscher Backsteingotik: Malerisch inmitten von Wiesen und Bäumen gelegen zieht das Münster im Jahr Tausende Besucher in seinen Bann. Als Zisterzienserkloster 1171 gegründet, erlangte es als erstes mecklenburgisches Kloster und fürstliche Grablege im Mittelalter höchste politische und historische Bedeutung. Die mittelalterliche Ausstattung gilt als die weltweit **INSIDER TIPP** am vollständigsten erhaltene Originalausstattung aller Zisterzienserklosterkirchen. Beeindruckend sind der Hochaltar, die Marienleuchte, das Chorgestühl sowie prunkvolle Grabmonumente. *Mai–Sept. Mo–Sa 9–18, So 11–18, März/April/Okt. Mo–Sa 10–17, So 11–17, Nov.–Feb. Mo–Sa 10–16, So 11–16 Uhr, Münsterführung tgl. 11 Uhr, Mai–Okt. auch 14 Uhr sowie Sonderführungen zu bestimmten Themen | Klosterstr. | www.muenster-doberan.de*

ESSEN & TRINKEN

FRIEDRICH FRANZ
Wer sich etwas Besonderes gönnen möchte, der lässt sich von Chefkoch Ronny Siewert, einem der besten Köche Mecklenburg-Vorpommerns, in diesem Gourmetrestaurant verwöhnen. *Nur abends Mi–So | im Grand Hotel Heiligendamm | Tel. 038203 74 00 | €€€*

AM ABEND

Das *Kamp-Theater (Severinstr. 4 | Tel. 038203 6 24 13 | www.kino-doberan.de)* vereint Bistro und Kino. *Kirchenkonzerte* werden von Juni bis Sept. jeden Fr

ROSTOCK UND UMGEBUNG

um 19.30 Uhr in der Sommerkonzertreihe „Münster, Molli & Musik" im Doberaner Münster geboten. Konzertbesucher fahren kostenlos mit dem „Molli" oder dem Bus zum Konzert und erhalten um 18.30 Uhr auch noch eine **INSIDER TIPP** Gratisführung durch das Gotteshaus.

ÜBERNACHTEN

AM FUCHSBERG
Kleine Pension am Stadtrand. Besonders junge Leute (aber nicht nur die) mögen die gemütlichen Giebelzimmer. *9 Zi. | Am Fuchsberg 7a | Tel. 038203 6 34 74 | www.pensionamfuchsberg.de |* €

GRAND HOTEL HEILIGENDAMM
Luxus pur: das nobelste Hotel an der deutschen Ostseeküste. Die 225 Zimmer und Suiten sind mit handgefertigten Möbeln und modernster Technik ausgestattet. Beispielhaft der 3000 m² große Spa- und Beautybereich im Severin-Palais, der auch von Nicht-Hotelgästen genutzt werden kann. *Tel. 038203 74 00 | www.grandhotel-heiligendamm.de |* €€€

AUSKUNFT

TOURISTINFORMATION
Severinstr. 6 | im Rathaus | 18209 Bad Doberan | Tel. 038203 6 21 54 | www.bad-doberan-heiligendamm.de

GRAAL-MÜRITZ

(125 E1) *(*∅ *H4)* **Das traditionsreiche Seeheilbad ist der richtige Ort für Erholungsuchende. Graal und Müritz entwickelten sich fast parallel zu Badeorten; 1938 wurden sie vereint, weshalb der Doppelort kein richtiges Zentrum hat.**

Beide Ortsteile sind durch den fast 6 km langen, breiten Sandstrand verbunden. Eingerahmt wird das Seebad (4000 Ew.), das seit 1993 eine 350 m lange Seebrücke besitzt, vom Waldgebiet der Rostocker Heide und einem Hochmoor. Im Mai/Juni blühen im Kurpark mehr als 2000 Rhododendronstauden, die eine wahre Farbensinfonie bilden. 1986 wurde die Anlage zum Naturdenkmal erklärt.

ESSEN & TRINKEN

CAFÉSTÜBCHEN WITT
Kuchen, Eis sowie Fisch- und Wildgerichte in einem rohrgedeckten Häuschen mit schönem Garten, in dem im Sommer Tische und Stühle stehen. *Mo geschl. | Am Tannenhof 2 | Tel. 038206 7 72 21 | www.cafestuebchen-witt.de |* €–€€

MARCO POLO HIGHLIGHTS

★ **Münster**
In Doberan zu bewundern: Backsteingotik mit vielen Kunstwerken → S. 44

★ **Jagdschloss Gelbensande**
Mecklenburger Märchenschloss, das als Kulisse für Konzerte dient → S. 46

★ **Alter Strom**
Schiffe von groß bis klein, Kneipen, Geschäfte, viele Menschen und ganz viel Wasser → S. 51

★ **Marienkirche**
Monumentaler Backsteinbau in Rostock mit interessanter astronomischer Uhr → S. 52

★ **Zur Kogge**
Rostocks älteste Schifferkneipe – mit Shantys → S. 53

KÜHLUNGSBORN

FREIZEIT & SPORT

Im täglich geöffneten ● *Aquadrom (Buchenkampweg 9 | www.aquadrom.net)* haben Sie die Wahl zwischen Tennis, Badminton, Handball, Basketball und Fußball. Es gibt vier Kegelbahnen, ein Fitnessstudio, und im 25-m-Meerwasserbecken drehen die Gäste ihre Runden. Wohlige Wärme, sanfte Massagen, angenehme Düfte und heilende Kräuter gehören zu den Streicheleinheiten für Körper, Geist und Seele im Wellnessbereich mit Saunawelt.

ÜBERNACHTEN

STRANDHOTEL DEICHGRAF
Mediterranes Flair wenige Meter vom Ostseestrand entfernt. Zimmer verschiedener Kategorien und großzügiger Wellness- und Spabereich. *24 Zi. | Strandstr. 61 | Tel. 038206 13 84 13 | www.strandhoteldeichgraf.com | €€–€€€*

IFA GRAAL MÜRITZ
Im eleganten Landhausstil errichtetes Haus in Strandnähe. Alle Zimmer mit Internetanschluss, 1500 m² großer Wellnessbereich mit Schwimmbad. *150 Zi. | Waldstr. 1 | Tel. 038206 7 30 | www.ifa-graal-mueritz-hotel.de | €€€*

AUSKUNFT

TOURISTINFORMATION
Rostocker Str. 3 | 18181 Graal-Müritz | Tel. 038206 70 30 | www.graal-mueritz.de

ZIELE IN DER UMGEBUNG

JAGDSCHLOSS GELBENSANDE ★
(125 F2) (*M H4*)
Eines der schönsten Bauwerke in Mecklenburg-Vorpommern, zu dem der Zarensohn Michail Romanow 1885 den Grundstein legte. Über die Geschichte und ihre Bewohner informiert das Museum in zwölf teils originalgetreu eingerichteten Räumen. Original erhalten sind das großherzogliche Bad und die technischen Einrichtungen. Die Schlosschronik verzeichnet 1904 die Verlobung der jüngsten Tochter des Großherzogs Friedrich Franz III., Prinzessin Cecilie, mit dem ältesten Sohn des Kaisers, Kronprinz Wilhelm. Dem ersten Brautpaar auf Gelbensande tun es heute noch viele Paare nach, die hier heiraten. Regelmäßig wird zu Konzerten, Lesungen und Vorträgen geladen, im Schlosscafé werden hausgemachte Kuchen und Torten serviert. *Tgl. 11–17 Uhr | www.jagdschloss-gelbensande.de. 20 km*

NATURSCHATZKAMMER & PARADIESGARTEN (125 F1) (*M H4*)
Zu sehen sind etwa 250 Pilzarten in ihren ursprünglichen Lebensräumen sowie rund 2000 Schmetterlinge und Insekten. Eine Steinkauzfamilie wird mit der Kamera in ihrer Höhle beobachtet, **INSIDER TIPP** die Bilder werden live ins Museum übertragen. *Tgl. 9–17 Uhr | Ribnitzer Landweg 2 | Neuheide, etwa 1700 m von der Darß-Fischland-Str. | www.naturschatzkammer.m-vp.de. 8 km*

KÜHLUNGSBORN

(124 B2) (*M F5*) **Die Kleinbahn „Molli" entlässt hier ihre Fahrgäste in die „grüne Stadt am Meer", wie sich Mecklenburgs größtes Ostseebad (7300 Ew.) gern nennt.**

Zu Recht übrigens, denn Mischwälder umrahmen Kühlungsborn, und zwischen den mit einer 3 km langen Strandpro-

ROSTOCK UND UMGEBUNG

Dem Horizont ein Stückchen näher: Die Seebrücke von Kühlungsborn ist 240 m lang

menade verbundenen Stadtteilen Ost (früher Brunshaupten) und West (früher Arendsee) erstreckt sich der 1,3 km^2 große Stadtwald. Die meisten um 1900 im Stil der Bäderarchitektur erbauten Hotels haben die Zeit überdauert. Die 240 m lange Seebrücke von Kühlungsborn wurde 1991 fertiggestellt.

SEHENSWERTES

BÄDERBAHN „MOLLI"
Mit Dampf durchs Land: 43 Minuten benötigen die Schmalspurzüge vom Bahnhof Kühlungsborn West bis zum Bahnhof in Bad Doberan. Die Dampfrösser und Oldtimerwagen sind beliebte Fotomotive *(www.molli-bahn.de). Die Gesamtstrecke wird im Kapitel „Ausflüge & Touren" beschrieben.*

KUNSTHALLE
In dem lichten Jugendstilbau von 1904, der ursprünglich als Lesehalle genutzt wurde, sind wechselnde Kunstausstellungen von regionalem und internationalem Anspruch zu sehen (z. B. Klassische Moderne, maritime Kunst). Auch Kabarett und Konzerte finden hier statt. *Di–So 12–17 Uhr | Ostseeallee 48 | www.kunsthalle-kuehlungsborn.de*

ESSEN & TRINKEN

RÖNTGEN
Elegantes Café, in dem „die hohe Schule der Konditorenkunst" beherrscht wird, mit Dependancen in Kühlungsborn-Ost *(Strandstr. 30a)* und -West *(Ostseeallee 45). Tgl. 12–17 Uhr | www.classic-conditorei.com*

VIELMEER
Nur einen Steinwurf von der Ostsee entfernt – im Sommer auf der Hafenterrasse – genießen Sie regionale und asiatisch angehauchte internationale Küche. *Tgl., Winter Mo–Mi geschl. | Hafenstr. 4 | Tel. 038293 4 17 41 | www.vielmeer.com |* €€–€€€

KÜHLUNGSBORN

WILHELMS
In dem Gourmetrestaurant mit Originalmöbeln aus englischen Pubs wird phantasievoll gekocht. Wer weniger Hunger (oder Geld) hat, bestellt sich die preiswerteren **INSIDER TIPP** Probierportionen. *Tgl. | Strandstr. 37 | im Hotel Neptun | Tel. 038393 6 30 | www.neptunhotel.de | €€–€€€*

FREIZEIT & SPORT

400 Liegeplätze stehen in der Marina zur Verfügung. Das *Wassersport-Center Kühlungsborn (www.wassersport-center.de)* bietet Yachtcharter, Segel-, Surf- und Katamarankurse, vermietet Boote und Surfboards. Im *Kletterwald* im Stadtwald wagen Mutige Kletterpartien über sechs Parcours, Höhepunkt ist eine Seilbahntour durch den Wald. Golfer finden im *Ostsee Golfresort Wittenbeck (www.golfresort-wittenbeck.de)* einen 18-Loch-Meisterschaftsplatz und einen Neun-Loch-Platz.

ÜBERNACHTEN

Bei der Suche nach Hotels, Pensionen, Ferienwohnungen und -häusern helfen: *www.kuehlungsbornzimmervermittlung.de, www.kuehlungsborn-travel.de, www.meerfun.de, www.ostseetravel.de*

AQUAMARIN
Modernes Ferienhotel in der ersten Reihe, mit Wellnesslandschaft und Pool. Besonders gefragt: die großzügigen Apartments mit 50–80 m² Fläche für 2–6 Personen. *59 Zi., 18 Ap. | Hermannstr. 33 | Tel. 038293 40 20 | www.hotel-aquamarin.de | €€€*

GUT KLEIN BOLLHAGEN
Parkähnliches Grundstück mit acht luxuriös eingerichteten Ferienhäusern und zwei Apartments. *Fulgenweg 3 | Klein Bollhagen | 5 km von Kühlungsborn | Tel. 0800 5 32 36 26 | www.landleben-am-meer.de | €€€*

ZUM STRANDKORB
Familiengeführtes Hotel garni mit 24 Wohnungen (17–70 m²) und Zimmern. Frühstück kann dazugebucht werden. *Hermannstr. 11 | Tel. 038293 83 40 | www.zumstrandkorb.de | €–€€*

AUSKUNFT

KURVERWALTUNG
Ostseeallee 19 | 18225 Kühlungsborn | Tel. 038293 84 90 | www.kuehlungsborn.de

ZIEL IN DER UMGEBUNG

BASTORF (125 F4) (*F5*)
Auf dem Buk, einer Erhebung 5 km von Kühlungborn, erhebt sich der *Bastorfer Leuchtturm* (tgl. 11–16, im Sommer bis

ROSTOCK UND UMGEBUNG

17 Uhr | www.leuchtturm-bastorf.de). Besucher steigen die 55 Stufen zur ☼ Aussichtsplattform hinauf und genießen bei guter Sicht den herrlichen Ausblick bis Rostock und Warnemünde. Am Fuß des Leuchtturms lädt das *Café Valentin (tgl. | Zum Leuchtturm 8 | Tel. 038293 41 02 70 | www.valentins-cafe.de)* zu leckeren hausgemachten Kuchen, Torten und Kaffeespezialitäten.

RERIK

(124 B3) (Ⓜ E5) Malerisch zwischen Ostseeküste und Salzhaff liegt das ehemalige Fischerdorf Alt Gaarz, das 1938 zur Stadt erhoben wurde und dabei den Namen Rerik (2400 Ew.) erhielt.

Das Familienbad wartet mit abwechslungsreicher Flach- und Steilküste, herrlichem Sand- und Naturstrand am Salzhaff sowie mit Wald und Feldern in der Umgebung auf. Die 170 m lange und nur 2,5 m breite Seebrücke entstand 1991/92. Vom Aussichtspunkt ☼ *Schmiedeberg* haben Sie einen besonders schönen Blick, auch auf die Halbinsel Wustrow, die bis 1994 Militärgelände war und auf der ein Ferienzentrum entstehen soll.

SEHENSWERTES

HEIMATMUSEUM
Im ältesten Gebäude Reriks ist das sehenswerte Heimatmuseum zu Hause. Hier finden auch regelmäßig Ausstellungen von Künstlern aus der Region statt. Gefällt ein Ausstellungsstück, kann es gekauft werden. *Mitte Mai–Mitte Sept. Di/Mi/Fr 10–12, 14–17, Do 14–18, Sa 14–17, So 15–17, Mitte Sept.–Mitte Mai Di 10–12, 14–17, Mi 14–17, Do 14–18, Fr 10–12, Sa/So 14–16 Uhr | Dünenstr. 4*

PFARRKIRCHE ST. JOHANNES
Wunderschöne frühgotische Landkirche mit quadratischem Turm und achteckigem Helm, der sogenannten Bischofsmütze. Versäumen Sie nicht den Blick

Links das Salzhaff, rechts die Ostsee: Blick vom Schmiedeberg auf Rerik

RERIK

ins Innere: Dort wartet mit der wunderschönen INSIDER TIPP barocken Ausmalung von 1668 eine wahre Überraschung.

ESSEN & TRINKEN

ZUR STEILKÜSTE
Hier bekommen Sie fangfrischen Fisch, aber auch original Thüringer Klöße, denn die Chefin kommt aus Thüringen. Von der ☘ Terrasse haben Sie einen phantastischen Blick auf die Steilküste. *Wechselnde Ruhetage | Parkweg 10 | Tel. 038296 7 83 86 | €–€€*

ÜBERNACHTEN

OSTSEERESIDENZ HOTEL GENDARM
Hotel garni mit 20 großzügigen Apartments (2–5 Pers.), die sich gut für den Familienurlaub eignen. Es gibt einen Saunabereich mit kleinem Pool und viele Freizeitmöglichkeiten. Ca. 4 km vor Rerik. *Hauptstr. 5 | Wischuer | Tel. 038294 70 00 | www.ostseeresidenz.de | €–€€*

ZUR LINDE
Ruhig im Zentrum von Rerik gelegen. Große Liegewiese mit Grillplatz, Schwimmbad mit Sauna, Fitnessraum. *12 Zi. | Leuchtturmstr. 7 | Tel. 038296 7 91 00 | www.hotel-zur-linde-rerik.de | €€*

AUSKUNFT

KURVERWALTUNG
Dünenstr. 7a | 18230 Ostseebad Rerik | Tel. 038296 7 84 29 | www.rerik.de

Nicht selten herrscht Hochbetrieb am Alten Strom in Warnemünde

ROSTOCK UND UMGEBUNG

ROSTOCK/ WARNE- MÜNDE

 KARTE IM HINTEREN UMSCHLAG
(125 D–E 2–3)(*ω G–H 4–5*) **Wer vor der wuchtigen Marienkirche steht oder die Kunstschätze im Inneren betrachtet, kann den früheren Reichtum der Hansestadt erahnen.**

Der Spaziergang vom Neuen Markt durch die Kröpeliner Straße zum Universitätsplatz führt an geschichtsträchtigen Häusern der Werft- und Hafenstadt vorbei. Durch den 1957 begonnenen Bau des Seehafens bekam Rostock (200 000 Ew.) Anschluss an die internationale Schifffahrt. Die beste Sicht auf Hafen und Stadt haben Sie vom ✹ Turm der *Petrikirche (www.petrikirche-rostock.de)* am Alten Markt. Zu Fuß sind es 196 Stufen bis zur Aussichtsplattform, mit dem Lift dauert es 26 Sekunden.

1323 kaufte Rostocks Rat dem Fürsten von Mecklenburg das Fischerdorf *Warnemünde* ab, so erhielt die Stadt einen eigenen Badeort. Durch die Trabantenstädte Lütten Klein und Evershagen ist Warnemünde aber längst an das Stadtzentrum angebunden. Die S-Bahn bringt Pflastermüde vom Rostocker Zentrum in nur 25 Minuten fast bis zum Strand. Erlebnisreicher ist allerdings die Fahrt nach Warnemünde mit dem Schiff.

● Das Seebad gehört zu den beliebtesten an der Küste, denn es bietet all das, was sich Urlauber wünschen: moderne Hotels, superbreite Sandstrände, urige Kneipen und edle Boutiquen, vorzügliche Restaurants und – eher selten an der Küste – ein schickes Nachtleben. Wer sehen und gesehen werden möchte, promeniert am Alten Strom mit seinen typischen Glasverandahäuschen entlang. Über dem Wasser hängt der Duft von frisch Geräuchertem, denn mancher Kutter wurde zur Räucherei umgerüstet. In jüngster Zeit wurde Warnemünde zur Bühne für die großen Kreuzfahrtschiffe: Fast 200-mal, manchmal sogar im Viererpack, laufen die schwimmenden Hotels im Jahr ein und aus, verfolgt von Hunderten von Schaulustigen.

SEHENSWERTES

ALTER STROM ⭐

Hier muss man einfach entlangflanieren und das maritime Flair genießen! An der ehemaligen Warnemünder Hafeneinfahrt beginnen Rundfahrten durch den Überseehafen und Hochseefahrten. Die einstigen Fischerhäuschen beherbergen Cafés, Kneipen und Geschäfte.

KULTURHISTORISCHES MUSEUM

Im Kloster zum Heiligen Kreuz werden u. a. Werke holländischer Maler gezeigt, und eine Ausstellung zur Stadtgeschichte. *Di–So 10–18 Uhr | Klosterhof 7 | www. kulturhistorisches-museum-rostock.de*

WOHIN ZUERST?

Neuer Markt: Der Neue Markt ist zentraler Ausgangspunkt für eine Stadtbesichtigung, die Sie vom Rathaus durch die Kröpeliner Straße zum Hafen führt. Von dort geht es per Schiff weiter zum Seebad Warnemünde, das auch vom Hauptbahnhof aus per S-Bahn zu erreichen ist.
Die Straßenbahnhaltestelle „Neuer Markt" ist die dritte Haltestelle der Linien 5 und 6 ab Hauptbahnhof. Das Parkleitsystem führt zu Parkhäusern und -plätzen.

ROSTOCK/WARNEMÜNDE

MARIENKIRCHE ★
Die Bauarbeiten an Rostocks monumentalster Kirche dauerten 400 Jahre. Hinter dem kunstvollen Rochusaltar tickt eine astronomische Uhr. Das ursprüngliche mittelalterliche Uhrwerk von 1472 funktioniert immer noch präzise, das Kalendarium reicht bis zum Jahr 2017. Beim 12-Uhr-Schlag läuft der INSIDER TIPP Apostelrundgang ab, zu jeder vollen Stunde erklingt ein Glockenspiel. *www.marienkirche-rostock.de*

MUSEUM WARNEMÜNDE
Die Ausstellung zur Lebensweise der Fischer und Seeleute ist in einem ehemaligen Fischerhaus von 1762, dem „Achterregg", untergebracht. *April–Okt. Di–So 10–18, Nov.–März Mi–So 10–18 Uhr | Alexandrinenstr. 30/31 | www.heimatmuseum-warnemuende.de*

NEUER MARKT
Beherrschendes Gebäude auf dem Platz ist das 700 Jahre alte *Rathaus*. Ein barocker Vorbau von 1727 verdeckt jedoch die gotische Fassade, nur noch sieben Türme sind zu sehen. Rechts hinter dem Rathaus steht das *Kerkhofhaus,* eines der bedeutenden und frühen Giebelhäuser in Mecklenburg-Vorpommern.

SCHIFFBAU- UND SCHIFFFAHRTSMUSEUM
Zwölf Jahre lang fuhr der 10 000-t-Frachter unter dem Namen „Dresden" mit der DDR-Flagge am Heck über die Weltmeere, heute beherbergt er als Traditionsschiff das Schiffbau- und Schifffahrtsmuseum. Schauen Sie in die Kombüse, ins Hospital, den Funkraum, und stellen Sie sich auf der Kommandobrücke vor, Sie seien Kapitän dieses Schiffs. *April–Juni, Sept./Okt. Di–So 10–18, Juli/Aug. tgl. 9–18, Nov.–März Di–So 10–16 Uhr | Dorf Schmarl 40 | am Ufer des Breitling | www.schifffahrtsmuseum-rostock.de*

SEEHAFEN
Rundfahrten durch den Seehafen beginnen in Rostock Am Kapuzenhof, in Warnemünde am Alten Strom. Beliebt ist ein INSIDER TIPP Minitrip mit einem modernen Fährschiff über die Ostsee ins dänische Gedser oder nach Trelleborg in Südschweden mit *Scandlines (Tel. 01805 116688 (*) | www.scandlines.de)* oder *TT-Line (Tel. 04502 80181 | www.ttline.com).*

WARNEMÜNDER LEUCHTTURM ☼
Der 37 m hohe Leuchtturm steht seit über hundert Jahren nahe der Hafeneinfahrt. Er weist nicht nur den Schiffen den Weg, sondern kann auch bestiegen werden. Am Fuß des Leuchtturms steht in eigenwilliger Gestaltung der *Teepott*. In seinem Inneren gibt es mehrere Cafés und Restaurants, in denen Sie in der ersten Reihe sitzen: Sie bieten einen vorzüglichen Blick auf Meer und Strand. *Mai–Sept. tgl. 10–19 Uhr*

LOW BUDGET

▶ Die *Rostock-Card* ermöglicht 24 (8 Euro) oder 48 Stunden (13 Euro) lang freie Fahrt mit öffentlichen Verkehrsmitteln im Stadtgebiet sowie 10–50 Prozent Ermäßigung bei Schiffsfahrten, Kultur- und Freizeitangeboten und in einigen Restaurants.

▶ Ein kostenloser Leckerbissen: Chor- und Orgelkonzerte oder Jazz in der ● *St. Johanneskirche* in Rerik. Von Juni bis Sept. Do um 20 Uhr. Auch die Führungen *(Mo, Do 10, So 11 Uhr)* durch die reizvolle Kirche sind gratis.

ROSTOCK UND UMGEBUNG

ESSEN & TRINKEN

INSIDER TIPP BIOFRIEDA
Schicke, helle Bistromöbel und sonnengelbe Wände: Frühstück, Mittagsimbiss, Kaffeeangebot, alles vollwertig und aus 100 Prozent ökologischen Zutaten zubereitet. Brot, Brötchen und Kuchen werden aus frisch gemahlenem Mehl selbst gebacken. Bioprodukte gibt es auch im Laden. *So geschl. | Feldstr. 65/Ecke Friedhofsweg | Tel. 0381 123 45 44 | www.biofriedc.de | €*

ZUR KOGGE ★
Rostocks älteste Seemannskneipe ist zwar längst kein Geheimtipp mehr, aber immer noch urgemütlich. Ältestes Inventar ist der rund 150 Jahre alte Tresen. Freitags und samstags werden stilecht Shantys zum Schifferklavier gesungen. *Tgl. | Wokrenter Str. 27 | Tel. 0381 4 93 44 93 | www.zur-kogge.de | €*

MEYERS MÜHLE
Restaurant, Schänke und Café im Gemäuer einer 1866 erbauten Mühle. Täglich frischer Fisch vom Kutter. *Tgl. | Mühlenstr. 44 | Warnemünde | Tel. 0381 5 42 50 | www.meyers-muehle.net | €–€€*

SILO 4
In der Showküche in der siebten Etage eines ehemaligen Speichers können Sie zusehen, wie die asiatisch inspirierten Gerichte entstehen. Unvergesslich: am Abend durch das Panoramafenster die Schiffe beobachten und bei einem kühlen Drink dabei sein, wenn die untergehende Sonne alles glutrot färbt. *So-Abend u. Mo geschl. | Am Strande 3d | Tel. 0381 4 58 58 00 | www.silo4.de | €€*

Kein Schifffahrtsmuseum, sondern der Gastraum des Restaurants „Zur Kogge"

ROSTOCK/WARNEMÜNDE

Frischeren Fisch gibt's nirgendwo: Snackpause am Alten Strom

STILBRUCH
Vom Frühstück bis zum Abendessen zeigt sich die kulinarische Vielfalt. Produkte aus der Region, Salate, Pasta und 30 verschiedene Schnitzelgerichte. *So geschl. | Eselföterstr. 27 | Tel. 0381 45 28 22 | www.cafe-stilbruch.de* | €€

EINKAUFEN

● An kühlen und regnerischen Tagen drängen sich in Rostocks Innenstadt die Touristen aus der ganzen Umgebung zur Shoppingtour, vor allem in der *Kröpeliner Straße* mit ihren kleinen Läden und modernen Passagen. Am Rand des Universitätsplatzes versteckt sich hinter dem Neorenaissancehaus Nr. 26 die *Galerie Rostocker Hof* mit mehr als 40 Geschäften und Restaurants unter einer Glaskuppel. Durch das Haus Kröpeliner Straße 19 erreicht man den *Hopfenmarkt*, um den sich alte Fachwerkhäuser mit kleinen Läden gruppieren. In der *Galerie Klosterformat (im Hof des Klosters zum Heiligen Kreuz | www.klosterformat.de)* werden wechselnde Verkaufsausstellungen der angewandten und bildenden Kunst präsentiert.

In Warnemünde gibt es viele Läden und Boutiquen am *Alten Strom*. Sa/So von 8 bis 18 Uhr wird auf dem **INSIDER TIPP Warnemünder Fischmarkt** an der Mittelmole Fisch in allen Varianten angeboten, von Mai bis Okt. begleitet von einem maritimen Kulturprogramm.

FREIZEIT & SPORT

Fahrgastschiffe legen vom Hafen zu See- und Hafenrundfahrten ab, zwischen Rostock-Stadthafen und Warnemünde besteht ein Linienschiffsverkehr. Die *Wassersportschule Rostock (Stadthafen 71 | www.baltic-windsport.de)* bietet Segelschnupperkurse, Surfkurse und ei-

ROSTOCK UND UMGEBUNG

nen Bootscharter. Der *Yachthafen Hohe Düne (Hohe Düne | Warnemünde | www.yachthafen-hohe-duene.de)* hat neben einer Segel- und Yachtschule auch eine Tauchbasis, Bootscharter, Wakeboard und Wasserski.

Im *Marine Science Center (März–Nov. tgl. 10–16 Uhr | Am Yachthafen 3 | www.msc-mv.de)* in Hohe Düne dient ein ausgedientes Flussschiff als Seehundforschungsanlage. Hier leben neun Seehunde, deren Verhalten erforscht wird. Zuschauer können an den Experimenten teilhaben. Ein besonderes Erlebnis ist das INSIDERTIPP Schwimmen und Tauchen mit den Seehunden *(nach Voranmeldung: Tel. 0381 50 40 80 20)*.

AM ABEND

Das *Volkstheater Rostock (Vorverkauf: Doberaner Str. 134 | Tel. 0381 3 81 47 00 | www.volkstheater-rostock.de)* hat mehrere Spielstätten. Geboten werden Musical, Schauspiel, Oper, Operette und Ballett. Das Haus ist auch Spielstätte der Norddeutschen Philharmonie. *Open-Air-Theater (Juni–Anfang Sept. | www.compagnie-de-comedie.de)* gibt es vor mittelalterlicher Kulisse im historischen Klosterinnenhof. Im *Kurhaus Warnemünde (Tickets: Tel. 0381 5 48 44 22 | www.kurhaus-warnemuende.de)* finden regelmäßig Veranstaltungen mit Künstlern unterschiedlicher Genres statt.

ÜBERNACHTEN

PENSION KATY/HAUS TROJA
Familiengeführte Pension in einem historischen Gebäude aus der Gründerzeit in der Nähe der Seepromenade. Die zwölf Zimmer sind gemütlich eingerichtet, es sind auch Familienzimmer vorhanden. *Kurhausstr. 9 | Warnemünde | Tel. 0381 54 39 40 | www.pensionkaty.de | €€*

DIE KLEINE SONNE
Hotel garni. Kleine, aber gut ausgestattete 48 Zimmer in munteren Farben. Im Preis inbegriffen ist die Nutzung der Wellnesslandschaft im Schwesterhotel *Steigenberger Sonne* vis-à-vis. *Steinstr. 7 | Tel. 0381 4 61 20 | www.die-kleine-sonne.de | €€–€€€*

STRAND-HOTEL HÜBNER
Das First-Class-Hotel in herrlicher Lage an der Strandpromenade bietet höchsten Wohnkomfort sowie eine 500 m² große Wellnessoase auf zwei Etagen mit Schwimmbad. *95 Zi. | Seestr. 12 | Warnemünde | Tel. 0381 5 43 40 | www.strandhotelhuebner.de | €€€*

AUSKUNFT

ROSTOCK INFORMATION
Universitätsplatz 6 | 18055 Rostock | Tel. 0381 3 81 22 22 | www.rostock.travel

TOURISTINFORMATION WARNEMÜNDE
Am Strom 59 | 18119 Rostock-Warnemünde | Tel. 0381 5 48 00 10 | www.warnemuende.travel

ZIEL IN DER UMGEBUNG

KARLS ERLEBNISDORF ●
(125 E2) (*M* H4)

Deutschlands größter Bauernmarkt. Das ganze Jahr über herrscht hier Trubel. Neben Mecklenburger Schmankerln, z. B. Sanddornprodukten und Wurstspezialitäten, wird viel Schönes für Haus, Hof und Garten geboten. In der hofeigenen Kaffeerösterei können Sie selbst Kaffee rösten. Für kleine Besucher gibt es das Kinderabenteuerland mit Kletterburg und Kutter sowie den Streichelzoo. *Tgl. | Rövershagen | an der B 105 | www.karls.de. 12 km*

FISCHLAND, DARSS, ZINGST

Drei Inseln haben sich zu einer Kette verbunden: Das Fischland, der Darß und der Zingst schieben sich zwischen den beiden Hansestädten Rostock und Stralsund ins Meer.

Auf der einen Seite erstreckt sich die Ostsee, auf der anderen der Bodden mit seinem schilfbewachsenen Ufer. Fischland und Darß gehören zu den Landschaften, denen die Natur keine Ruhe gönnt. Unaufhörlich nagen Wind und Wellen Land ab, um es an anderer Stelle wieder abzulagern. Die Halbinselkette, an manchen Stellen nur 200 m breit, hat sich Beschaulichkeit und Ursprünglichkeit bewahrt. Der Darßer Urwald und der Weststrand sind die bekanntesten Beispiele. Aber auch der Osten des Zingsts, die Rügen-Bock-Region, in der jeden Herbst bis zu 60 000 Kraniche einfliegen. Sie machen den Landstrich, der zum Nationalpark Vorpommersche Boddenlandschaft gehört, zum größten Kranichrastplatz Europas.

Die Halbinselkette wählen all jene als Reiseziel, die Natur pur mögen und dem Alltagsstress entfliehen möchten. (Nicht nur) an Schlechtwettertagen fahren die meisten nach Ribnitz-Damgarten und Barth, den beschaulichen Eingangstoren der Halbinselkette, für die Martha Müller-Grählert die beste PR gemacht hat. „Wo die Ostseewellen trecken an den Strand, ... dor is meine Heimat, dor bün ick to Hus." Der Schauplatz in diesem Lied wird oft verändert, doch geschrieben hat es Müller-Grählert für ihre Heimat, das Fischland, den Darß und den Zingst.

Bild: Freilichtmuseum Klockenhagen

Halbinselkette mit einzigartigem Naturschauspiel: unberührte Strände, urige Wälder, stille Dörfer und unzählige Kraniche

AHRENSHOOP

(126 A2) (*J3*) **Das Ostseebad (800 Ew.) hat eine lange Tradition als Künstlerkolonie. Ende des 19. Jhs. kamen erstmals Maler ins abgeschiedene Ahrenshoop. Manche blieben nur einen Sommer, andere auf Dauer.**

Bis heute ist Ahrenshoop bevorzugtes Domizil von Künstlern geblieben. In der *Strandhalle,* im *Haus Elisabeth von Eicken* sowie im *Dünenhaus* erfreuen wechselnde Ausstellungen kunstinteressierte Einheimische wie Gäste.

In den Ortsteilen Althagen und Niehagen herrscht noch eine ländliche Atmosphäre, sie haben ihren Charakter als Bauern- und Fischerdorf erhalten. Beeindruckend ist das bis zu 18 m aufragende ☼ Steilufer am südlichen Ortsende. Besonders schön ist es dort in den Abendstunden: Machen Sie es sich hier auf einer Decke bequem, lauschen Sie der Brandung aus der Tiefe und verfolgen Sie, wie die am Horizont als Feuerball versinkende Sonne

AHRENSHOOP

Unvergesslich: Boddenrundfahrt im Zeesenboot

die Ostsee glutrot färbt – ein unvergessliches Naturschauspiel.

SEHENSWERTES

KUNSTKATEN
In dem traditionsreichen Haus (seit 1909), der Galerie der Gemeinde Ahrenshoop, stellen regionale Künstler ihre Arbeiten vor. Außerdem Kunstauktionen, Konzerte (Klassik, Jazz) und Lesungen. *Tgl. 10–13 und 14–17, Winter bis 16 Uhr | Strandweg 1 | Tel. 038220 8 03 08 | www.kunstkaten.de*

KUNSTMUSEUM AHRENSHOOP
Endlich hat der Künstlerort ein repräsentatives Kunstmuseum mit Ausstellungs-, Begegnungs- und Forschungszentrum bekommen. Die Sammlungen reichen von der Gründerzeit der Künstlerkolonie über die Zeit des 20. Jhs. bis zur Gegenwart. *Öffnungszeiten standen bei Redaktionsschluss noch nicht fest | Weg zum Hohen Ufer 36 | www.kunstmuseum-ahrenshoop.de*

NEUES KUNSTHAUS AHRENSHOOP
Wechselausstellungen zeitgenössischer Kunst, Lesungen, Konzerte; Skulpturengarten. *Do–Di 10–17, Winter bis 16 Uhr | Bernhard-Seitz-Weg 3a | Tel. 038220 8 07 26 | www.neues-kunsthaus-ahrenshoop.de*

ESSEN & TRINKEN

AM KIEL
Von Pasta bis Boddenaal vom Ahrenshooper Fischer: Der Koch zaubert eine leichte Küche aus saisonalen regionalen Produkten. *Tgl. | Boddenweg 12 | OT Niehagen | Tel. 038220 66 97 21 | www.amkiel.de | €€–€€€*

RÄUCHERHAUS SCHÖNTHIER
Vom Hausherrn selbst gefangener Fisch kommt hier frisch auf den Tisch. Der Duft

FISCHLAND, DARSS, ZINGST

weist den Weg zur **INSIDER TIPP** Schauräucherei: Von April bis Okt. öffnen sich tgl. um 11.30 Uhr die Räucheröfen. Einfach köstlich sind der noch warme, frisch geräucherte Aal oder Lachs. *Tgl. | Hafen Althagen | Tel. 038220 6946 | www.raeucherhaus-ahrenshoop.de | €€*

SILHOUETTE

Zeitlos-modern eingerichtetes Restaurant in warmen Farben, in dem Köstlichkeiten der regionalen und mediterranen Küche zubereitet werden. Alle Zutaten stammen aus biologischem Anbau. *Tgl. | Dorfstr. 22 | im Hotel Künstlerquartier Seezeichen | Tel. 038220 67970 | www.seezeichen-hotel.de | mittags €€, abends €€€*

EINKAUFEN

Das traditionsreichste Geschäft der Halbinselkette ist die *Bunte Stube (Dorfstr. 24)*. Angeboten werden Bücher und Kunsthandwerk, außerdem gibt es regelmäßig Kunsthandwerksausstellungen. Die Tradition der Fischlandkeramik setzen mehrere Künstler fort: *Friedemann Löber (Bernhard-Seitz-Weg 1 | OT Althagen | Tel. 038320 80963)* fertigt vor allem traditionelle blau-graue Gebrauchskeramik mit landschaftlich geprägten Motiven. *Boddenkeramik im Boddenhus (Bauernreihe 8a | OT Niehagen | Tel. 038220 80116 | www.toepperhus.de)* nennt sich das Keramikatelier von Renate und Kathrin Jankowski. Die Keramiker von *Johann und Katharina Klünder (Fulge 3 | OT Althagen | Tel. 038220 264 | www.kluender-keramik.de)* zeichnen sich durch Eigenwilligkeit aus.

FREIZEIT & SPORT

Zu den regionalen Besonderheiten gehört die Freizügigkeit am Strand. Traditionell sind in Ahrenshoop und am Weststrand des Darßes die Grenzen zwischen Textil- und FKK-Strand fließend. Im Ortsteil Althagen starten **INSIDER TIPP** dickbäuchige Zeesenboote zu Boddenrundfahrten, auch in Prerow und Wustrow legen sie ab. Zum Fischen fahren die Zeesenboote schon einige Jahrzehnte nicht mehr hinaus auf den Bodden, doch sie erlebten ein Comeback als Ausflugsboote.

Eine künstlerische Betätigung auch für Gäste gehört zu einem Künstlerdorf: Verschiedene *Malkurse* – Tageskurse *(im Sommer Mi 10–12.30 Uhr)*, Wochenend- und Wochenkurse, Workshops für Laien, Anfänger und Fortgeschrittene – bieten der Maler Max Klaus Struwe und sein Team *(Tel. 0381 2002366 | www.palette-ostsee.de)*. Etwas Bleibendes mit der Töpferscheibe zu schaffen ist möglich bei den *Töpferkursen im Atelier Müller-Schoenefeld (Schifferberg 22 | Tel. 038220 660319)*.

MARCO POLO HIGHLIGHTS

★ **Darßer Arche**
Erlebnisausstellung im Nationalparkzentrum in Wieck
→ S. 63

★ **Darßer Ort**
Vom Leuchtturm auf den Darß blicken → S. 64

★ **Schaumanufaktur Ostseeschmuck**
In Ribnitz-Damgarten: Schmuckherstellern beim Arbeiten über die Schulter blicken → S. 66

★ **Freilichtmuseum Klockenhagen**
Bäuerliches Leben wie vor 200 Jahren → S. 67

BARTH

Kleinstadtidylle herrscht am Barther Marktplatz

ÜBERNACHTEN

KURHAUS AHRENSHOOP
Das Grandhotel auf der Halbinselkette: 80 Zimmer hinter den Dünen, alle mit Balkon. Spa, Kurhausrestaurant und -café sowie das feine Gourmetrestaurant *Herzog Bogislav*. *Schifferberg 24 | Tel. 038220 6780 | www.kurhaus-ahrenshoop.de | €€€*

LANDHAUS MORGENSÜNN ☼
17 freundliche Zimmer, teilweise mit Blick auf den Bodden. Wellnessbereich mit Schwimmbad. Im dazugehörigen *Landhaus Susewind* finden Sie weitere Doppelzimmer und Apartments. *Bauernreihe 4 d | Tel. 038220 6410 | www.landhaus-morgensuenn.de | €€–€€€*

ROMANTIKHOTEL NAMENLOS & FISCHERWIEGE
Vier rohrgedeckte Häuser bilden das Hotelensemble mitten im Grünen und ganz nah am Ostseestrand. Geschmackvolle Zimmer unterschiedlicher Kategorien. Von der ☼ Terrasse des Restaurants haben Sie einen wunderbaren Blick aufs Meer. *50 Zi., 27 Suiten, 5 Ap. | Schifferberg 9a | Tel. 038220 606200 | www.hotel-namenlos.de | €€–€€€*

AUSKUNFT

KURVERWALTUNG
Kirchnersgang 2 | 18347 Ostseebad Ahrenshoop | Tel. 038220 66660 | www.ahrenshoop.de

BARTH

(126 C2)(*ID K3*) **Das sympathische Städtchen (8700 Ew.) ist das östliche Tor zur Halbinselkette Fischland, Darß, Zingst. Vom Marktplatz geht die schmale Einkaufsstraße ab, eine andere führt zum Hafen.**

FISCHLAND, DARSS, ZINGST

Das *Darmtor* ist das letzte der einst vier Stadttore, der 12 m hohe Fangelturm ein Wehrbau aus dem 14. Jh., als Barth Residenzstadt der rügischen bzw. pommerschen Herzöge wurde. Deren Schloss wurde im Dreißigjährigen Krieg zerstört. 1998 stellten Berliner Historiker die These auf, die legendäre und einst größte Ostseesiedlung Vineta habe im Barther Bodden gelegen. Barth ließ sich daraufhin den Namen Vineta als Markenzeichen schützen und wirbt heute damit.

SEHENSWERTES

NIEDERDEUTSCHES BIBELZENTRUM
Die Ausstellung rund um die Bibel fand in der mittelalterlichen Hospitalkirche St. Jürgen ihr Domizil. Wertvollstes Ausstellungsstück: die Barther Lutherbibel von 1588. *Di–Sa 10–18, So 12–18 Uhr | Sundische Str. 52 | www.bibelzentrum-barth.de*

VINETA-MUSEUM
Das Museum versucht die These zu erhärten, die legendäre, angeblich vom Meer verschlungene Stadt Vineta habe sich bei Barth befunden. *Di–Fr 10–17 (Juli–Sept. auch Mo), Sa/So 11–17 Uhr | Lange Str. 16 | www.vineta-museum.de*

ESSEN & TRINKEN

SUR LA MER
Südländisches Flair am Barther Hafen. Regionale Gerichte und mediterrane Küche, besonders lecker die Steakgerichte. *Tgl. | Am Westhafen 24 | Tel. 038231 77536 | www.sur-la-mer.net | €–€€*

ÜBERNACHTEN

POMMERNHOTEL BARTH
Abseits vom touristischen Rummel sorgt das Ehepaar Splettstößer in den 31 Zimmern unterschiedlicher Kategorien für einen angenehmen Aufenthalt. *Divitzer Weg 2 | Tel. 038231 45580 | www.pommernhotel.de | €€*

RINGHOTEL SPEICHER
Der alte Speicher am Yachthafen ist nicht wiederzuerkennen: Das moderne Design der Zimmer in den ehemaligen Getreidekammern und Lagerräumen harmoniert bestens mit der ursprünglichen Speicherarchitektur. *44 Zi. | Am Osthafen | Tel. 038231 63300 | www.speicher-barth.de | €€–€€€*

AUSKUNFT

BARTH-INFORMATION
Markt 3/4 | 18356 Barth | Tel. 038231 2464 | www.stadt-barth.de

LOW BUDGET

▶ „Eintritt frei!" heißt es im *Forst- und Jagdmuseum Ferdinand von Raesfeld* in Born, im *Darßer Bernsteinmuseum (April–Okt. Mo–Sa 10–12, 14.30–17.30, Nov.–März Mo–Fr 14–17, Sa 10–12, 14–17 Uhr | Waldstr. 54)* in Prerow, im *Nationalpark-Informationszentrum (tgl. 10–17, April–Aug. 10–17 Uhr)* in Zingst/Sundische Wiese und im *Nationalpark-Informationszentrum Born*.

▶ Meist kostet der Ausblick von Aussichts- oder Kirchtürmen Geld. Nicht so in *Wustrow*, hier ist der Blick vom Kirchturm kostenlos.

▶ Witzig: Männer mit Vollbart oder Besucher mit dem Namen Bart(h) zahlen im *Vineta-Museum* in Barth einen ermäßigten Eintritt von 3 Euro.

BORN

(126 B2) (*M J3*) Rohrgedeckte, bunt bemalte Häuser mit hübsch angelegten Vorgärten bestimmen das Bild von Born (1100 Ew.).

An Wald und Wiesen entlang erstreckt sich der Erholungsort über 4,5 km, idealer Ausgangspunkt für Rad- und Wandertouren. Der westliche Teil liegt am Saaler Bodden, der größere Teil östlich des Holm am Koppelstrom, der den Saaler mit dem Bodstedter Bodden verbindet.

SEHENSWERTES

FISCHERKIRCHE
In der von Borner Handwerkern errichteten Holzkirche werden **INSIDER TIPP** vielfältige Konzerte organisiert. Die zwei Votivschiffe, der Gaffelschoner „Hans" und das Schiff „Helga", sind als Dank für die glückliche Heimkehr der Seeleute geweihte Schiffsmodelle.

FORST- UND JAGDMUSEUM FERDINAND VON RAESFELD
Beeindruckend ist das Ganzkörperpräparat zweier im Brunftkampf verkämpfter Rothirsche. Es soll in Europa einmalig sein. Eine Seltenheit ist auch der weiße Maulwurf. Zudem gibt es eine interessante Ausstellung zur Harzgewinnung. *Mai–Okt. Di–So 10–16 Uhr, Nov.–April tel. Auskunft | Chausseestr. 64 | Tel. 038234 3 02 97*

ESSEN & TRINKEN

CAFÉ TONART
Bekannt für Tee- und Kaffeespezialitäten, selbst gebackenen Kuchen und Keramikausstellungen. *April–Okt. Di–So | Chausseestr. 58 | Tel. 038234 5 59 57 | www.cafe-tonart.de*

WALFISCHHAUS ☺
Biorestaurant mit sehr guter Küche. Empfehlenswert: gebratenes Filet vom Ostseeschnäpel auf Kartoffel-Linsen-Salat.

BÜCHER & FILME

▶ **Und es wurde Nacht, Der Tod der Königskinder** – Zwei Fälle für Kommissarin Katja Sommer, die eigentlich auf der Insel Rügen Urlaub machen wollte, von Birgit C. Wolgarten.

▶ **Gebrauchsanweisung für Mecklenburg-Vorpommern und die Ostseebäder** – Kurzweilig und prägnant: Die gebürtige Stralsunderin Ariane Grundies ergründet die Seele des Bundeslands.

▶ **Herrentier** – Der Journalist Gregor Simon gerät in den Strudel eines entsetzlichen Verbrechens im Rostocker Zoo. Ostseekrimi von Michael Joseph und Matthias Schünemann.

▶ **12 Meter ohne Kopf** – Piratenstory um Klaus Störtebeker (Ronald Zehrfeld) und Gödecke Michels (Matthias Schweighöfer). Regisseur Sven Taddicken drehte viele Szenen in Wismar.

▶ **Soko Wismar** – Beliebte ZDF-Vorabendserie: Wismar und Umgebung sind der Schauplatz für die Ermittlungen von Kriminalkommissar Jan Reuter und seinen Kollegen Katrin Börensen und Nils Theede.

FISCHLAND, DARSS, ZINGST

Mi geschl. | Chausseestr. 74 | Tel. 038234 5 57 84 | www.walfischhaus.de | €–€€

FREIZEIT & SPORT

Der *Reiterhof Kafka (Im Moor 17 | Tel. 038234 2 49 | www.reiterhof-kafka. de)* bietet Kutsch- und Kremserfahrten, Reitunterricht sowie Reitferien für Kinder an. Die Gewässer um Born eignen sich bestens für den Segelsport; die weitgehend flachen Boddengewässer sind vor allem bei Wind- und Kitesurfern beliebt. Der Surfstrand befindet sich beim Regenbogen-Camp.

AM ABEND

Das INSIDERTIPP *Darßer Sommertheater (April–Okt. Sa/So, Juli/Aug. tgl. | Chausseestr. 75 | 038234 5 04 21)* veranstaltet von April bis Ende Okt. Theater, Kabarett, Lesungen, Konzerte und Kinderprogramme. Das Häuschen mitten im Ort fasst nur knapp 60 Personen, deshalb müssen Sie frühzeitig reservieren!

ÜBERNACHTEN

HAUS SEEZEICHEN

Sechs Zimmer unterm Rohrdach auf einem rund 6000 m² großen Grundstück. *Im Moor 3 | Tel. 038234 55 98 01 | www. darss-haus-seezeichen.de | €*

AUSKUNFT

KURVERWALTUNG

Chausseestr. 73b | 18375 Born a. Darß | Tel. 038234 5 04 21 | www.darss.org

ZIEL IN DER UMGEBUNG

WIECK (126 B2) (*K3*)

Eine vielseitige Reise durch die Boddenlandschaft Vorpommerns erleben

Die Halbinsel ist Rastplatz für Kraniche

Sie im modernen Nationalparkzentrum ★ *Darßer Arche (Mai–Okt. tgl. 9–17, Nov.–April Do–Mo 10–16 Uhr | Bliesenrader Weg 2 | www.darsserarche.de)*. In den 700 m² großen Ausstellungsraum gelangen die Besucher über Feuersteine und eine Dünenlandschaft. Wer keine Zeit hat, die Tiere in der Natur zu beobachten, der sieht sich den INSIDERTIPP Film mit grandiosen Bildern von Europas größtem Kranichrastplatz an. Das *Café Fernblau (www.fernblau.com)* verwöhnt mit selbst gebackenem Kuchen und kleinen Köstlichkeiten – alles in Bioqualität. Von Mai bis Okt. findet Mi und Sa *(9–13 Uhr)* vor der Darßer Arche ein INSIDERTIPP Biofrischemarkt statt. Das Dorf Wieck positioniert sich als Biomodelldorf, es setzt sich für den ökologischen Landbau ein. Beim *Darßer Natur-Filmfestival* Ende Sept. sind

PREROW

Strandleben auf feinstem, weißem Sand bei Prerow

Tier- und Naturfilme zu sehen. *www.biomodelldorf.de*.

Ein Genuss ist es, im rohrgedeckten 🌱 *Landhotel Haferland (45 Zi. | Bauernreihe 5a | Tel. 038233 6 80 | www.hotelhaferland.de | €€€)* zu speisen. Fisch und Fleisch, erstklassige Produkte in Bioqualität aus der Region: „Ländlich fein" heißt die Maxime des Küchenteams in der *Guten Stube (tgl. | €€€)*. Im Restaurant *Bajazzo (nur abends, Mo/Di und Nov.–März geschl. | €€€)* werden Sie mit vegetarischen Feinschmeckergerichten verwöhnt. *4 km*

PREROW

(126 B1) (🗺 K2) ☼ **„Ostseebad im Grünen" wird Prerow (1600 Ew.) mit seinem feinsandigen Strand an der Nordseite des Darßes oft genannt, weil es von Wald umgeben ist.**

Auf einer 395 m langen Seebrücke können Sie über den Wellen wandeln. Das Bild störende Hochhäuser gibt es nicht, stattdessen einstöckige rohrgedeckte Häuser inmitten blumenreicher Gärten. Rund 50 km lange, ausgeschilderte Wanderwege führen in bzw. durch den Nationalpark Vorpommersche Boddenlandschaft. Schön ist der Blick auf die Ostsee und den Bodden von der Hohen Düne (16,5 m) westlich der Straße nach Zingst.

SEHENSWERTES

DARSSER ORT ★
Jährlich wächst der Darß durch angelandeten Sand bis zu 10 m nach Nordosten. Die Auswirkungen des Naturschauspiels lassen sich am besten vom 35 m hohen, 1848 erbauten *Leuchtturm* betrachten, der mit einem naturkundlichen Ausstellungszentrum zum *Natureum Darßer Ort (Mai–Okt. tgl. 10–18, Nov.–April Mi–So 11–16 Uhr)* gehört. Der nördlichste Zipfel der Halbinsel ist auf Waldwegen nur per Fahrrad, zu Fuß oder von Prerow per Pferdekutsche zu erreichen. Bevor Sie den Weg zum Darßer Weststrand einschlagen, können Sie sich im *Museumscafé* am Leuchtturm stärken.

Am rund 13 km langen, feinsandigen *Weststrand* verbinden sich Romantik und Urwüchsigkeit. Der Fernsehsender Arte kürte diesen mit seinen vom Sturm bizarr geformten Kiefern und den entwurzelten, von der Sonne gebleichten Bäumen zu einem der 20 schönsten Strände der Welt, er wird in einem Atemzug mit der Copacabana oder dem Miami-Beach genannt. Die von Menschenhand unberührte, naturgeschützte Landschaft ist fest in den Händen der FKK-Anhänger.

DARSS-MUSEUM
Ausstellung über die Lebensweise der Darß-Bewohner. Zu sehen sind bemalte

FISCHLAND, DARSS, ZINGST

Haustüren, eine Darßer Küche und schöne Schiffsmodelle. *April Mi–10–17, Mai–Okt. Di–So 10–18, Nov.–März Fr–So 13–17 Uhr | Waldstr. 48*

ESSEN & TRINKEN

CP1
Tagsüber Bistro *(€–€€)* für den kleinen Hunger, abends Gourmetlounge *(€€€)* mit offener Showküche. Im Probierladen gibt es regionale Köstlichkeiten zum Mitnehmen. *Mo/Di geschl. | Bernsteinweg 9 | im Hotel Waldschlösschen | Tel. 038233 6170 | www.cp1-prerow.de*

TEESCHALE ●
Darßer Gemütlichkeit bei Tee, Kaffee und selbst gebackenem Kuchen im rohrgedeckten Haus. An warmen Tagen wird auf der Terrasse im Garten serviert. Im dazugehörenden Laden machen 130 Teesorten, Leckereien und zahlreiche lokale Mitbringsel die Auswahl nicht leicht. *Tgl. | Waldstr. 50 | Tel. 038233 6 08 45 | www.teeschale.de*

FREIZEIT & SPORT

Bootsverleih, Tretboote, Schiffsausflüge, Surfkurse und Tennis gehören zu den vielen Freizeitangeboten in Prerow. Amerikanisches Flair verspricht die Fahrt mit dem *River Star (Tel. 038234 2 39 | www.reederei-poschke.de)*, einem INSIDER TIPP originalgetreu nachgebauten Mississippi-Schaufelraddampfer. Er läuft täglich *(März–Nov.)* zu Boddenrundfahrten aus.

AM ABEND

KULTURKATEN KIEK IN
Kleinkunstbühne mit Theater, Kabarett, Lesungen und Konzerten. *Waldstr. 42 | Tel. 038233 6 10 25*

ÜBERNACHTEN

REGENBOGEN CAMP PREROW
Wer einmal im Wohnwagen Quartier nehmen möchte, hier gibt es welche zu mieten. Auch Mietzelte mit Kochgelegenheit, Kühlschrank und Geschirr sind vorhanden. Prerow ist der einzige Campingplatz an der Ostseeküste, auf dem offiziell in den Dünen gezeltet werden darf. *Ganzjährig geöffnet | Tel. 038233 3 31 | www.regenbogen-camp.de | €*

HOTEL WALDSCHLÖSSCHEN
Familiär geführtes, ruhig gelegenes First-Class-Hotel zwischen Ostsee und Bodden mit Meerwasserschwimmbad und Saunen. *29 Zi. | Bernsteinweg 4 | Tel. 038233 6170 | www.waldschloesschen-prerow.de | €€€*

Bodden statt Mississippi: Ausflug mit dem Schaufelraddampfer

RIBNITZ-DAMGARTEN

AUSKUNFT

KUR- UND TOURISMUSBETRIEB
Gemeindeplatz 1 | 18375 Ostseebad Prerow | Tel. 038233 6100 | www.ostseebad-prerow.de

RIBNITZ-DAMGARTEN

(126 A3–4) (*J4*) **Die Doppelstadt (17 500 Ew.) am Ribnitzer See ist das westliche Tor zur Halbinselkette Fischland, Darß, Zingst.**
Jahrhundertelang bildete die Recknitz die Grenze zwischen dem mecklenburgischen Ribnitz und dem vorpommerschen Damgarten. An die große mittelalterliche Zeit von Ribnitz, das an der bedeutenden Handelsstraße von Lübeck über Rostock nach Stralsund lag, erinnern die *Marienkirche* (13./14. Jh.) und das *Rostocker Tor* von 1430, das als einziges von fünf Stadttoren erhalten blieb. Weithin bekannt wurde das Städtchen durch den Bernstein. Gefunden wird hier keiner, aber seit Langem zu wundervollen Schmuckstücken verarbeitet.

SEHENSWERTES

SCHAUMANUFAKTUR OSTSEESCHMUCK ★
Beim größten Schmuckproduzenten in den neuen Bundesländern können Sie zuschauen, wie das „Gold des Meeres" gesägt, geschliffen, poliert und zu Schmucksteinen verarbeitet wird und wie aus Gold und Silber wunderschöne Gegenstände entstehen. Große Verkaufsausstellung mit etwa 10 000 Schmuckstücken. Mo–Fr 9.30–18, Sa 9.30–16 Uhr | An der Mühle 30 | www.ostseeschmuck.de

Schaumanufaktur Ostseeschmuck: zusehen, wie Schmuckstücke entstehen

FISCHLAND, DARSS, ZINGST

DEUTSCHES BERNSTEINMUSEUM
Umfangreichste Bernsteinsammlung in Deutschland. In der Schauwerkstatt können Sie Bernsteinstücke kaufen und diese INSIDER TIPP von Hand selbst schleifen. Poliert und gebohrt wird Ihr Stein in der Museumswerkstatt. *März–Okt. tgl. 9.30–18, Nov.–Feb. Di–So 9.30–17 Uhr | Im Kloster 1–2 | www.deutsches-bernsteinmuseum.de*

ESSEN & TRINKEN

FISCHHAFEN-RESTAURANT MEERESBÜFETT
Äußerst lecker und preisgünstig wie alle anderen Gerichte hier: Ostseescholle mit in Butter geschwenkten Krabben. *Tgl. | Am See 40 | Tel. 03821 81 57 94 | www.kuestenfisch.de | €–€€*

FISCHRESTAURANT HAFENSCHENKE
Direkt am Boddenufer, von der lichtdurchfluteten Veranda blicken Sie aufs Wasser. Die Angebote sind saisonabhängig, im März steht vornehmlich Hering auf der Karte, im Juni Matjes und von Dez. bis März Winterkabeljau. *Mai–Okt. tgl., Nov.–April Mo geschl. | Am See 1a | Tel. 03821 89 48 30 | www.hafenschenke.de | €–€€*

FREIZEIT & SPORT

Mit der 930 m langen *Wasserskiseilbahn* (*Juni–Aug. Mo–Fr 11 Uhr bis Sonnenuntergang, Sa/So ab 10, Mai/Sept. Mo–Fr 14–19, Sa/So 12–19, Okt. Sa/So 12–19 Uhr | www.koerks.de*) können auch Anfänger über den Bernsteinsee beim nahen Körkwitz sausen. Im Preis sind die Schwimmweste und eine gründliche Einweisung inbegriffen. Badevergnügen bietet die *Bodden-Therme* (*während der Ferien tgl. geöffnet, sonst Mo geschl. | Körkwitzer Weg 15 | www.bodden-therme.de*).

Die *Golfanlage Neuhof* (*www.golfclub-fischland.de*) bei Ribnitz-Damgarten (südlich der B 105) kann mit einer Drivingrange und einem Neun-Loch-Kurzplatz aufwarten.

AM ABEND

Besonders stimmungsvoll sind in den Sommermonaten die abendlichen Konzerte im Chorsaal des ehemaligen *Klarissenklosters*.

ÜBERNACHTEN

WILHELMSHOF
Kleines Hotel, in dem es sich gut entspannen lässt, z. B. bei Ayurvedabehandlungen. *10 Zi. | Lange Str. 22 | Tel. 03821 22 09 | www.hotel-wilhelmshof.de | €€*

AUSKUNFT

STADTINFORMATION
Am Markt 14 | 18311 Ribnitz-Damgarten | Tel. 03821 22 01 | www.ribnitz-damgarten.de

ZIEL IN DER UMGEBUNG

FREILICHTMUSEUM KLOCKENHAGEN ★ (125 F1) (*ω J4*)
Um ein 300 Jahre altes niederdeutsches Hallenhaus entstand ein Freilichtmuseum, das frühere Haus- und Gehöftformen in Mecklenburg vorstellt. Die Scheunen, Katen und eine Bockwindmühle standen einst in anderen Dörfern. Die schlichte Fachwerkkirche z. B. von 1790 bis 1978 in Dargelütz. Nachgebaut ist der Glockenstuhl. Zu bestimmten Terminen wird frisches Brot gebacken. *Juni–Sept. tgl. 10–18, April/Mai/Okt. bis 17 Uhr | Mecklenburger Str. 57 | Klockenhagen | Tel. 03821 27 75 | www.freilichtmuseum-klockenhagen.de. 4 km*

WUSTROW

Im Freilichtmuseum Klockenhagen wird auch Brauchtum gepflegt

Ein toller Blick belohnt den Aufstieg zur ☼ Aussichtsgalerie der Kirche. Bis auf 18 m Höhe erhebt sich das bei Wustrow (1400 Ew.) beginnende Fischländer Kliff, an dem Wind, Frost und Regen nagen. Kunst, Kultur und Maritimes gehören zu Lebens- und Kulturgeschichte des Orts, die auf dem mit blauen Steinen gekennzeichneten INSIDER TIPP **Wustrower Kulturpfad** zu entdecken ist *(Begleitbroschüre in der Kurverwaltung)*.

SEHENSWERTES

KUNSTSCHEUNE BARNSTORF
In einer rohrgedeckten, denkmalgeschützten Scheune sind in den Sommermonaten Kunstausstellungen zu sehen, meist mit Werken norddeutscher Künstler (Malerei, Plastik, Keramik). *Mai–Mitte Okt. tgl. 10–13 u. 15–18 Uhr | Barnstorfer Weg, Hufe 4 | www.kunstscheune-barnstorf.de*

Für Süßschnäbel lohnt sich ein Abstecher zum *Honigdieb (Bäderstr. 6a)* in Klockenhagen. Im täglich geöffneten Hofladen der Imkerei stehen die Regale voller Honig. Rapshonig ist ebenso zu haben wie Lavendel- oder Wildblütenhonig. Angeboten werden ferner andere regionale Köstlichkeiten, darunter eine große Auswahl an Sanddornprodukten.

ESSEN & TRINKEN

SCHIFFERWIEGE
Der Fisch kommt täglich frisch vom Kutter, die sonstigen Produkte vom Ökobauern. Im Gunst der Gäste rangieren in dem über 100 Jahre alten Backsteinhaus weit vorn: Zanderfilet mit Safransauce und Scholle mit Rauchspeck. *Tgl. | Karl-Marx-Str. 30 | Tel. 038220 8 03 36 | www.schifferwiege.de | €–€€*

WUSTROW

(126 A2) (*ɸ J3*) Rohrgedeckte Katen und freundliche Kapitänshäuser mit kleinen, bunten Vorgärten sind Zeugen der Vergangenheit Wustrows als Fischer- und Seefahrerort. Jüngeren Datums ist dagegen die Seebrücke, die 240 m weit ins Meer ragt.

HOTELSCHIFF STINNE
Am Saaler Bodden hat der Küstenschoner „Stinne" seinen letzten Ankerplatz gefunden. Das Kajütenrestaurant serviert vor allem Fisch- und Wildgerichte, danach können Sie in den schlicht-gemütlichen Doppelkabinen und der Kapitänskabine mit separatem Schlafzimmer übernachten. *Tgl. | Kuhleger 13 | Tel. 038220 3 36 | www.hotelschiff-stinne.de | €€–€€€*

FISCHLAND, DARSS, ZINGST

FREIZEIT & SPORT

Von Juni bis Sept. Di und Fr Sommerkonzerte in der Kirche. Schiffsausflüge vom Hafen am Saaler Bodden. Der Wellnessbereich im *Erholungszentrum Fischland (www.erholungszentrum-fischland. de)* steht gegen Gebühr allen offen. Zeesenbootfahrten organisiert die *Fischländer Segelschule (www.fischlaendersegelschule.de)*.

ÜBERNACHTEN

DEUTSCHES HAUS
Für Preisbewusste: kleines Hotel am Wustrower Hafen, ruhig. Sonnenterrasse zum Hafen. *25 Zi. | Hafenstr. 5 | Tel. 038220 69 70 | www.hoteldeutsches-haus.m-vp.de | €€*

DORINT STRANDRESORT & SPA
Schmuckstück von Wustrow in exzellenter Lage am Ende der Strandstraße. Spabereich mit Schwimmbad. *101 Zi. und Suiten | Strandstr. 44–46 | Tel. 038220 6 50 | www.dorint.de | €€€*

AUSKUNFT

KURVERWALTUNG
Ernst-Thälmann-Str. 11 | 18347 Wustrow | Tel. 038220 2 51 | www.ostseebadwustrow.de

ZINGST

(126 B–C1) *(K2)* Wiesen, Wald und Wasser, liebenswerte Hotels, gemütliche Restaurants, eine Seebrücke sowie ein vielseitiges Kulturangebot bietet Zingst.

In dem mit 3200 Ew. größten Ort der Halbinselkette, der herrlich zwischen Ostsee und Bodden liegt, stehen mehr als 10 000 Betten für Gäste bereit. Im Gegensatz zu den anderen Ferienorten hat Zingst eine verlängerte Sommersaison, denn ab Mitte September bis Ende Oktober belegen Vogelfreunde, die zur Kranichbeobachtung kommen, die Hotels. Die Region bildet die Drehscheibe für den Kranichzug zwischen den Brutgebieten in Skandinavien, den baltischen Staaten sowie Russland und dem Hauptüberwinterungsgebiet Südspanien.

SEHENSWERTES

MAX-HÜNTEN-HAUS
Fotoschauen, Fotoschule mit Workshops für Einsteiger und Fortgeschrittene, Printstudio, Fotobibliothek und das jährliche Umweltfotofestival „horizonte": In Zingst ist die Fotografie zu Hause. Das Medien-, Informations- und Kulturzentrum mit der

Bitte eintreten: liebevoll bemalte Haustür in Wustrow

ZINGST

● *Erlebniswelt Fotografie* ist ein Ort für kreative Betätigung und Begegnungen, regelmäßig finden auch Konzerte, Lesungen und Vorträge statt. *Tgl. 10–18 Uhr | Schulstr. 3 | Tel. 038232 16 51 21 | www. erlebniswelt-fotografie-zingst.de*

MUSEUMSHOF ZINGST
Unter einem Dach: das *Heimatmuseum Haus Morgensonne* (Geschichte der Seefahrt und Lebenskultur der Seeleute), die *Pommernstube* (traditionelles Handwerk mit tgl. Kreativkursen) und die *Kulturscheune (Tel. Infos: 038232 155 61)* (Veranstaltungen, z. B. mit der Saxofonistin Tina Tandler, die Stücke von Jazz, Gospel, Blues bis zu Worldmusic präsentiert). *April–Juni Mo–Sa 10–17, So 14–17, Juli–Okt. Mo–Sa 10–17, Nov.–März Di, Do, Sa 10–16 Uhr | Strandstr. 1–3 | www. museumshof-zingst.de*

TAUCHGONDEL
Je nach Sicht und Jahreszeit entdecken Sie bei einem Tauchgang Quallen, Krabben, Muscheln, Fische und Meerespflanzen. Ein 3-D-Film macht mit dem Lebensraum Ostsee bekannt. *Mai, Sept./Okt. 10–19, Juni–Aug. 10–21, Nov.–April 11–16 Uhr, außerhalb der Ferien Mo/Di geschl. | www.tauchgondel.de*

ESSEN & TRINKEN

CAFÉ ROSENGARTEN
In gemütlicher Wohnzimmeratmosphäre haben Gäste die Wahl zwischen bis zu zehn täglich wechselnden hausgemachten Kuchensorten. Kleine Abendkarte. *Mai–Okt. Di–So | Strandstr. 12 | Tel. 038232 8 47 04 | www. caferosengarten.net | €–€€*

ZINGSTER OSTSEEKLAUSE
Hier gibt es Fisch, und zwar in allen Variationen. Köstlich: die Fischplatte Ostseeklause mit verschiedenen Fischfilets. *Mo geschl. | Seestr. 81 | am Strandübergang 15 | Tel. 038232 152 43 | www.zingster-ostseeklause.com | €€*

FREIZEIT & SPORT

Im *Kurmittelzentrum (Am Rämel)* gibt es ein Meerwasserschwimmbad mit 30 Grad warmem Wasser, Sauna und Minigolfanlage. Ausritte sowie Ponyreiten ermöglicht der *Reiterhof Illner (Müggenburg | Tel. 038232 156 28)*. Im *Experimentarium (April–Juni Di–So 10–17, Juli/Aug. tgl. 10–18, Sept.–März Di–So 10–16 Uhr | Seestr. 76 | www.experimentarium-zingst. de)* werden Kindern die Naturgesetze nähergebracht – anfassen und selbst ausprobieren erlaubt.

Von April bis Okt. Fährverkehr zwischen Zingst und Barth, Fahrräder werden mitgenommen *(www.reederei-poschke.de)*. Wer etwas Besonderes erleben möchte, nimmt an einer **INSIDER TIPP** Wanderung mit Nationalparkrangern teil. Sie führen zu versteckt liegenden Mooren, zeigen die Horste von Seeadlern und erzählen Sagen und Geschichten *(Start auch von anderen Orten | www.nationalpark-vorpommersche-boddenlandschaft.de)*.

AM ABEND

KON-TIKI COCKTAILBAR
Unschlagbar: Rund 200 Cocktails, Fancy- und Caribic Drinks mit und ohne Alkohol, 25 Whiskys und 20 Sorten Rum, dazu oft Liveveranstaltungen. *Tgl. | Seestr. 32 | Tel. 038232 155 44 | www.kon-tiki-bar.de*

ÜBERNACHTEN

MARKS
Abseits vom touristischen Trubel am Innendeich zum Bodden gelegenes Haus. Viele Stammgäste. *24 Zi. | Weidenstr. 17 |*

FISCHLAND, DARSS, ZINGST

Tel. 038232 16140 | www.hotel-marks.de | €€

STEIGENBERGER STRANDHOTEL ZINGST
First-Class-Hotel mit luxuriösen, zeitlos eingerichteten Zimmern in bester Strandlage. *121 Zi. | Seestr. 60 | Tel. 038232 84210C | www.strandhotel-zingst.steigenberger.de | €€€*

HOTEL VIER JAHRESZEITEN
Helles, großzügiges und familienfreundliches Hotel mit zwei Restaurants und Pizzabar. Großer Spabereich mit Schwimmbad. *95 Zi. | Boddenweg 2 | Tel. 038232 1740 | www.4jahreszeiten-zingst.de | €€*

AUSKUNFT

KURVERWALTUNG
Seestr. 56 | im Haus des Gastes | 18374 Zingst | Tel. 038232 8150 | www.zingst.de

ZIEL IN DER UMGEBUNG

PRAMORT (127 D1) (*m* L3)
Ein grandioses Schauspiel bietet sich an der östlichsten Ecke Zingsts, wenn von Mitte Sept. bis Ende Okt. Tausende Kraniche in den Abendstunden ihre Ruheplätze am Wasser aufsuchen. Unter lauten Rufen schweben die großen Vögel in imposanten keilförmigen Formationen ein. Vom Parkplatz Sundische Wiese sind es etwa 8 km, die Besucher zu Fuß oder mit dem Fahrrad zurücklegen können.
Um die scheuen Tiere nicht zu stören, ist die ● Beobachtung von Plattformen nur im Rahmen geführter Touren zu Fuß, per Rad oder mit dem Kleinbus möglich, die Zahl der Besucher ist beschränkt *(Information über die Kurverwaltung Zingst)*. Besonders spannend ist die **INSIDER TIPP** Kranichbeobachtung vom Schiff aus *(Sept./Okt. tgl. ab Hafen Zingst | www.reederei-poschke.de)*. 16 km

Beste Aussichten bietet die Seebrücke in Zingst

RÜGEN, HIDDENSEE, STRALSUND

Überall auf Rügen riechen Sie das Meer, kein Ort ist weiter als 7 km vom Wasser entfernt. Rügens Küste ist zerfurcht von Wieken und Bodden, die 926 km² Landmasse von Deutschlands größter Insel verteilen sich auf Zentralrügen, viele Halbinseln, unzählige Landzungen und klitzekleine Nebeninseln. Jede dieser Ecken zeigt ein anderes Gesicht, was Rügens Vielgestaltigkeit ausmacht.

Der sagenumwobene Herthasee, die Feuersteinfelder auf der Schmalen Heide, der Buchenwald auf Jasmund und natürlich die Kreideküste sind herausragende Naturschönheiten. Vom klassizistischen Putbus, der planmäßig erbauten Residenzstadt, zuckelt seit über 100 Jahren die Schmalspurbahn „Rasender Roland" zu den noblen Seebädern Binz, Sellin, Baabe und Göhren mit Villen und Hotels im Stil der Bäderarchitektur. Von Schaprode auf Rügen und im Sommer auch von Stralsund tuckern Fähren zum *söten Länneken*, wie die Insel Hiddensee hier genannt wird. Als Eingangstor zu Rügen gilt die Hansestadt Stralsund mit ihrer auf der Welterbeliste stehenden Altstadt.

Über Rügen, Hiddensee und Stralsund informiert Sie ausführlich der MARCO POLO Band „Rügen".

BERGEN

(128–129 C–D4) (Ø N3) **Das Verwaltungs- und Geschäftszentrum (14 000 Ew.) bildet auch geografisch den Mittelpunkt Rügens.**

Bild: Seebrücke Sellin

Bekannte Seebäder mit Tradition und Stil, Deutschlands größte Insel mit den berühmten Kreidefelsen und ein Weltkulturerbe

Der Name spricht Bände, denn die Stadt liegt auf einer kleinen Erhöhung – hier Berg genannt –, von der alle Ausflugsziele gut zu erreichen sind.

SEHENSWERTES

ERNST-MORITZ-ARNDT-TURM
Der 27 m hohe Turm auf dem Rugard entstand als Denkmal für den auf Rügen geborenen Dichter, Reformer und Patrioten Ernst Moritz Arndt (1769–1860). Nach 80 Stufen erreicht man die Glaskuppel und genießt den herrlichen Blick über die Insel. *Mai–Okt. tgl. 10–18 Uhr*

KLOSTERHOF MIT SCHAUWERKSTATT
Handwerker wie Kerzenhersteller und Korbflechter fertigen unter den Blicken der Besucher in den alten Klosteranlagen ihre Erzeugnisse und verkaufen sie dort auch. Von Mai bis Sept. finden jeweils am letzten Sa im Monat INSIDER TIPP Floh- und Handwerkermärkte statt. *April–Okt. Mo–Fr 10–18, Sa 10–16, Nov.–März Mo–Fr 10–16, Sa 10–13 Uhr | Billrothstr. 20b*

BINZ

ESSEN & TRINKEN

PUK UP'N BALKEN
Rustikal-gemütliche Gaststätte mit frischen, regionalen Speisen zu moderaten Preisen. Und vielleicht entdecken Sie sogar den kleinen Kobold Puk in einer der Nischen? *Tgl. | Bahnhofstr. 65 | in der Passage am Brinken | Tel. 03838 25 72 73 | www.puk-bergen.de | €*

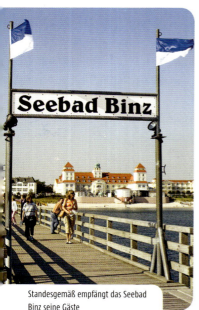

Standesgemäß empfängt das Seebad Binz seine Gäste

FREIZEIT & SPORT

Am Rugard werden auf Deutschlands nördlichster *Rodelbahn (April–Okt. tgl. 10–18, Juli/Aug. bis 19, Nov.–März 13 Uhr bis Einbruch der Dunkelheit | Rugardweg 7 | www.inselrodelbahn-bergen.de)* auf einer Länge von 700 m Geschwindigkeiten von bis zu 45 km/h erreicht. Der *Kletterwald Rügen (April–Okt. 10–18 Uhr | Tribseer Damm 13 | www.kletterwald-ruegen.eu)* verspricht Kletterspaß mit unterschiedlichen Schwierigkeitsgraden.

ÜBERNACHTEN

ROMANTIKHOTEL KAUFMANNSHOF
Das stilvolle Interieur versetzt in alte Kaufmannszeiten. Verschiedene Wellnessangebote. *18 Zi. | Bahnhofstr. 6–8 | Tel. 03838 8 04 50 | www.kaufmannshof.com | €€*

AUSKUNFT

TOURISTINFORMATION
Markt 23 | 18528 Bergen | Tel. 03838 8112 76 | www.stadt-bergen-auf-ruegen.de

ZIEL IN DER UMGEBUNG

RALSWIEK (129 D3) *(N2)*
Auf der Freilichtbühne mit 9000 Plätzen finden von Juni bis Anfang Sept. die *Störtebeker-Festspiele (Mo–Sa | Am Bodden 100 | Tel. 03838 3 11 00 | www.stoertebeker.de)* statt. Jedes Jahr wird eine neue Geschichte des berühmten Seeräubers erzählt, mit einem Feuerwerk über dem Großen Jasmunder Bodden zum Schluss. *8 km*

BINZ

(129 E4) *(O3)* **In einem Talkessel mit der Ostsee auf der einen und dem Schmachter See auf der anderen Seite liegt Rügens größtes und vornehmstes Ostseebad (5600 Ew.).**
Die Steilküste tritt hier zurück, Binz öffnet sich weit dem Meer mit einer 4 km langen, von gemütlichen Cafés und schönen Restaurants gesäumten Strandpromena-

RÜGEN, HIDDENSEE, STRALSUND

de: Am Abend und an Schlechtwettertagen ist sie Treffpunkt fast aller Binz-Urlauber. Charakteristisch für viele Villen und Hotels im Ort sind gotische Türmchen und römische Säulen, barocke Putten und Rokokoranken – ● Bäderarchitektur in höchster Vollendung.

ESSEN & TRINKEN

MEERSALZ RESTAURANT
Ökologisch korrektes Essen auf Gourmetniveau in Rügens erstem Biorestaurant. Gekocht wird mit frischen Bioprodukten aus Mecklenburg-Vorpommern. Auch ausgesuchte Bioweine. *Tgl.* | *Schillerstr. 8* | *Tel. 038393 66 30* | *www.meersinn.de* | €€€

OMAS KÜCHE
Einfach originell: sitzen wie in Omas Wohnzimmer und auf das gartenfrische Essen warten, inmitten von ein bisschen Trödel und umgeben von freundlichen Geistern. Lassen Sie sich vom Hotel mit dem **INSIDER TIPP** hauseigenen Kulttaxi – einem Cab – abholen, kostenlos versteht sich (innerhalb Binz/Prora). *Tgl.* | *Proraer Chaussee 2a* | *Tel. 038393 135 56* | *www.omas-kueche-binz.de* | €€

FREIZEIT & SPORT

Von der Seebrücke legen Schiffe zu Ausflugsfahrten ab. Das *Erlebnisbad Vitamar* (*Strandpromenade 74* | *www.ifa-ruegen-hotel.com*) im Ifa-Ferienpark ist nicht nur an Schlechtwettertagen von Einheimischen wie Gästen gut besucht.

ÜBERNACHTEN

NYMPHE STRANDHOTEL UND APARTMENTS
Modern gestylte Zimmer, teilweise mit Balkon oder Terrasse in drei miteinander verbundenen Gebäuden an der Strandpromenade. *37 Zi., 15 Ap.* | *Strandpromenade 48* | *Tel. 038393 122 00 00* | *www.hotel-nymphe.de* | €€€

VILLA SCHWANEBECK
Frisch und ungezwungen: kleines, nettes Hotel in einer Bäderstilvilla mit großzügigen Zimmern unweit der Strandpromenade. *20 Zi.* | *Margaretenstr. 18* | *Tel. 038393 20 13* | *www.villa-schwanebeck.de* | €€

AUSKUNFT

KURVERWALTUNG
Heinrich-Heine-Str. 7 | *18609 Ostseebad Binz* | *Tel. 038393 14 8148* | *www.ostseebad-binz.de*

MARCO POLO HIGHLIGHTS

★ Kap Arkona
Drei Aussichtstürme und ein slawischer Burgwall → S. 80

★ Kreidefelsen
Zum Wahrzeichen von Rügen avancierte der majestätisch aufragende und von Buchenwald eingerahmte Königsstuhl → S. 80

★ Seebrücke
In Sellin über der Ostsee flanieren und speisen → S. 81

★ Altstadt Stralsund
Stralsunder Backsteingotik unter Unesco-Schutz → S. 82

★ Ozeaneum
Spannende Unterwasserreise durch die Flora und Fauna von Ostsee, Nordsee und Atlantik bis zum Polarmeer → S. 82

GÖHREN

ZIELE IN DER UMGEBUNG

JAGDSCHLOSS GRANITZ
(129 E4) (*M O3*)
Nach gotischem Vorbild ließ Fürst Wilhelm Malte I. von Putbus das kleine Jagdschloss errichten. Im 🔆 Turm schraubt sich als frühes Zeugnis des industriellen Zeitalters eine gusseiserne Treppe nach oben (154 Stufen). Bei guter Sicht reicht der Blick bis nach Hiddensee. *Mai–Sept. tgl. 9–18, Okt., April tgl. 10–16, Nov.–März Di–So 10–16 Uhr | www.granitz-jagdschloss.de. 3 km*

PRORA (129 D3) (*M O2*)
10 000 Gästezimmer mit Meerblick und eine gigantische Festhalle sollten in dem 4,5 km langen Komplex entstehen, doch der Zweite Weltkrieg verhinderte, dass der Koloss von Prora fertiggestellt wurde. Nach Jahren des Stillstands ist nunmehr Bewegung in die größte bauliche Hinterlassenschaft der Nationalsozialisten gekommen. Eine Jugendherberge mit 400 Betten öffnete 2011, in zwei anderen Blocks sollen ein Hotel und Ferienwohnungen entstehen. Hintergründe der Planung und vieles über die Baugeschichte erfahren Interessierte im *Dokumentationszentrum Prora (tgl. März–Mai, Sept./Okt. 10–18, Juni–Aug. 9.30–18, Nov.–Feb. 10–16 Uhr, Führungen tgl. 11.45 u. 14.30 Uhr | Objektstr. 1 | www.dokumentationszentrum-prora.de)*. Wie es zu DDR-Zeiten in Prora zuging, als die Nationale Volksarmee große Teile des Geländes nutzte, zeigen fünf Museen und eine Bildergalerie, die zur *Kulturkunststatt Prora (Sommer tgl. 9–19, Winter tgl. 10–15 Uhr | Objektstr. Block 3/TH 2 | www.kulturkunststatt.de)* gehören. *4 km*

LOW BUDG€T

▶ Zwei Tagesgerichte zwischen 4,50 und 6 Euro bietet von Mo bis Fr das *Bibo Ergo Sum (Am Markt 14 | www.biboergosum.de)* in Bergen.

▶ Rabatte von zwei bis zehn Prozent bei Museen, Hotels, Restaurants und Geschäften als Bonuspunkte mit der *Rügen-Stralsund-Card für Gäste*. Die ersparte Summe bekommen Sie auf Ihr Bankkonto überwiesen. Die Card, die unbegrenzt gültig ist und auch im nächsten Urlaub wieder eingesetzt werden kann, kostet für max. fünf Personen einmalig 7,50 Euro *(www.ruegen-stralsund-card.de)*.

GÖHREN

(129 E4) (*M P3*) **Das Ortsbild des Ostseebads (1300 Ew.) mit einer 280 m langen Seebrücke bestimmen weiß getünchte Villen und Pensionen.**
Göhren besitzt mit der Bernsteinpromenade eine der schönsten Flaniermeilen an der Ostseeküste. Von der Endhaltestelle der Schmalspurbahn „Rasender Roland" sind es nur wenige Minuten bis zum Nordstrand und der Promenade.

SEHENSWERTES

MÖNCHGUTER MUSEEN
Unter diesem Namen sind vier verschiedene Einrichtungen zusammengefasst, u. a. der *Museumshof (März/April Fr–So 10–16, Mai–Okt. Di–So 10–17 Uhr | Strandstr. 4)*, eine Hofanlage aus dem 18. und 19. Jh., sowie am Südstrand der Motorsegler *„Luise" (Di–So Mai/Juni, Sept./Okt. 10–16, Juli/Aug. 10–17 Uhr | Am Südstrand 1a)*. *www.moenchguter-museen-ruegen.de*

RÜGEN, HIDDENSEE, STRALSUND

Die Dünenheide auf Hiddensee ist die letzte große Küstenheidefläche an der Ostsee

ESSEN & TRINKEN

FRIEDRICHS
Im Stil des historischen Berlin um 1900 eingerichtetes Restaurant mit feiner regionaler Küche. *Tgl. | Nordperdstr. 2 | im Hotel Hanseatic Rügen | Tel. 038308 5 15 | www.hotel-hanseatic.de | €€*

ÜBERNACHTEN

AKZENT-WALDHOTEL GÖHREN
45 geräumige Zimmer, Wellnessbereich mit Pool und Sauna. Fast wie im Toten Meer: **INSIDER TIPP** schwerelos schweben im Fโoatspa. *Waldstr. 7 | Tel. 038308 5 05 00 | www.waldhotelgoehren.de | €€€*

AUSKUNFT

KURVERWALTUNG
Poststr. 3 | 18586 Ostseebad Göhren | Tel. 038308 6 67 90 | www.goehren-ruegen.de

INSEL HIDDENSEE

(128 A–B 2–3)(*M1–2*) **Einsamkeit und Ruhe bietet die 16,5 km lange und an manchen Stellen nur 150 m breite, Rügen vorgelagerte Insel Hiddensee (1200 Ew.).**

Das Eiland gehört zum Schönsten, was die Ostseeküste bereithält. Diskotheken und Zeltplätze, Kurpromenaden oder Hotelburgen suchen Sie hier vergeblich, und Autos von Privatpersonen sind ebenfalls nicht zugelassen. Auf der Insel kann man also noch tief durchatmen. Wer clever ist, der bestellt sich über die Insel-Information einen Kremser, lässt sich an einem der Häfen abholen und mit 2 PS gemütlich über die Insel kutschieren. Oder Sie fahren mit dem Fahrrad. Zum Dornbusch allerdings, einer reizvollen Hügellandschaft rund 2 km nördlich von Kloster, gelangen Sie ausschließlich zu Fuß.

PUTBUS

SEHENSWERTES

GERHART-HAUPTMANN-HAUS
Der Literaturnobelpreisträger erwarb *Haus Seedorn* 1930. Die original eingerichteten Räume geben Einblick in Leben und Schaffen Hauptmanns. Im neuen Literaturpavillon ist eine Dauerausstellung zur Literaturlandschaft Hiddensee eingerichtet, Kammerkonzerte und Lesungen bereichern das kulturelle Angebot der Insel. *Mai–Okt. Mo–Sa 10–17, So 13–17 Uhr, Literaturpavillon bis 16 Uhr, Nov.–April eingeschränkte Öffnungszeiten | Kirchweg 3 | Kloster | Tel. 038300 3 97 | www.hauptmannhaus.de*

LEUCHTTURM
Vom Hochland des Dornbuschs schickt der Leuchtturm, bekannt durch den Wetterbericht im NDR-Fernsehen, sein Blitzfeuer 38 km weit. Wer die 102 Stufen erklimmt, kann die phantastische Aussicht genießen – allerdings nur 15 Besucher gleichzeitig. *April–Okt. tgl. 10.30–16, Nov.–Feb. Do 11–14 Uhr*

ESSEN & TRINKEN/ ÜBERNACHTEN

HOTEL ENDDORN
22 Zimmer und die **INSIDER TIPP** Bilderkneipe: Dutzende Gemälde zieren die Wände. Schmackhaftes Essen, meist viele Gäste. *Kloster | OT Grieben | Tel. 038300 4 60 | www.enddorn.de | €–€€*

HEIDEROSE
19 rohrgedeckte Häuser mit 38 Apartments, im Hotel 31 Zimmer, Restaurant *(tgl.)* mit großer Terrasse. Mitten in der Dünenheide zwischen Vitte und Neuendorf gelegen. *Tel. 038300 6 30 | www.heiderose-hiddensee.de | €–€€*

AUSKUNFT

INSEL-INFORMATION
Norderende 162 | 18565 Vitte | Tel. 038300 64 20 | www.seebad-hiddensee.de

Bekanntes Hiddenseer Wahrzeichen: der Dornbusch-Leuchtturm

PUTBUS

(129 D4) (*☼ O3*) „Weiße Perle auf der grünen Insel" nennt sich Putbus (4700 Ew.), denn die Stadt mit ihren weißen, klassizistischen Bauten ist von einer herrlich grünen Wald- und Wiesenlandschaft umgeben.

Mittelpunkt von Putbus, der letzten planmäßig erbauten Residenzstadt Europas, ist der riesige, *Circus* genannte Platz, in dessen Mitte ein schlanker Obelisk an die Stadtgründung erinnert.

RÜGEN, HIDDENSEE, STRALSUND

SEHENSWERTES

PARK
Landschaftspark mit seltenen Gehölzen. Das Denkmal Fürst Wilhelm Maltes I. schaut in Richtung des nicht mehr vorhandenen Schlosses. Die Orangerie (1853) beherbergt Kunstausstellungen.

„RASENDER ROLAND"
Die Schmalspurbahn verbindet Putbus und die ostrügischen Seebäder. Für manche erfüllt sich ein Kindheitstraum: **INSIDER TIPP** auf dem Führerstand der Dampflok mitfahren und Lokführer und Heizer bei der Arbeit zuschauen *(Anmeldung Tel. 03838 88 40 12 | www.ruegensche-baederbahn.de). Siehe „Ausflüge & Touren".*

ESSEN & TRINKEN

NAUTILUS
Kapitän Nemo von Jules Verne stand bei dem phantasiereich gestalteten Erlebnisrestaurant Pate. *Tgl. | Dorfstr. 17 | OT Neukamp | Tel. 038301 8 30 | www.ruegennautilus.de | €€*

AM ABEND
1821 hob sich zum ersten Mal der Vorhang im fürstlichen *Theater (Alleestr. 9a | Tel. 038301 8 08 30 | www.theater-putbus.de)*. Der Zuschauerraum des klassizistischen Bauwerks blieb fast unverändert.

ÜBERNACHTEN

WASSERFERIENWELT LAUTERBACH
Sanftes Schaukeln inklusive: Direkt im Yachthafen schwimmen 20 Ferienhäuser und 14 Pfahlhaussuiten. *Am Yachthafen 1 | Lauterbach | Tel. 038301 80 90 | www.im-jaich.de | €€€*

AUSKUNFT

PUTBUS-INFORMATION
Alleestr. 35 | in der Orangerie | 18581 Putbus | Tel. 038301 4 31 | www.putbus.de

SASSNITZ

(129 E2–3) (*O2*) Der Ort (11 600 Ew.) bildet das Tor zu Skandinavien und ist Ausgangspunkt für Wanderungen in den Nationalpark Jasmund mit den Kreidefelsen.

In dem durch die 1510 m lange Steinmole geschützten Stadthafen liegen Schiffe, die zu Ausflugsfahrten entlang der Kreideküste bis zum Königsstuhl auslaufen.

SEHENSWERTES

U-BOOT-MUSEUM „H. M. S. OTUS"
Das 1962 erbaute britische U-Boot war im Falkland-Krieg und am Persischen Golf im Einsatz. Seit 2002 liegt es im Stadthafen zur Besichtigung. *Mai–Okt. tgl. 10–19, Nov.–April tgl. 10–16 Uhr | www.hmsotus.com*

ESSEN & TRINKEN

GASTMAHL DES MEERES
In der gemütlichen maritimen Atmosphäre munden die fangfrischen Köstlichkeiten aus Neptuns Reich. Schöner Blick auf Mole und Hafen. *Tgl. | Strandpromenade 2 | Tel. 038392 51 70 | www.gastmahl-des-meeres-ruegen.de | €–€€*

ÜBERNACHTEN

WATERKANT
Hotel garni mit persönlicher Atmosphäre und tollem Ausblick. *16 Zi. | Walterstr. 3 | Tel. 038392 5 09 41 | www.hotelwaterkant.de | €*

SASSNITZ

AUSKUNFT

TOURIST-SERVICE
Strandpromenade 12 | 18546 Sassnitz | Tel. 038392 64 90 | www.insassnitz.de

ZIELE IN DER UMGEBUNG

KAP ARKONA ★ (128 D1) (*N1*)
An die slawische Ranenburg erinnert noch ein beachtlicher Wall. Der kleine, viereckige Leuchtturm mit mehreren Ausstellungen wurde 1825 nach Plänen des Architekten Karl Friedrich Schinkel erbaut. Seit 1902 schickt der daneben stehende, runde Turm 40 km weit Lichtblitze hinaus aufs Meer. Von beiden Leuchttürmen und vom ehemaligen Marinepeilturm haben Sie einen herrlichen Rundblick. Im *Rügenhof Arkona* werden für die Region typische Produkte verkauft. *Alle Einrichtungen tgl. Mai–Okt. 9–19, Nov.–April 10–16 Uhr, einige Nov.–März geschl. | Parkplatz vor Putgarten, von dort sind es 2,5 km zu Fuß oder mit der Arkona-Bahn | www.kap-arkona.de. 38 km*

KREIDEFELSEN ★ (129 E2) (*N1*)
Weiß leuchten die Kreidefelsen aus dem Buchenwald. Von Sassnitz führt der Hochuferweg entlang der Kreideküste, im Sassnitzer Stadthafen starten Schiffe, von denen aus Rügens Wahrzeichen besonders schön zu sehen sind. Der 118 m hohe *Königsstuhl*, der bekannteste Kreidefelsen, gehört zum Gelände des *Nationalparkzentrums Königsstuhl* (*Ostern-Okt. tgl. 9–19, Nov.–Ostern tgl. 10–17 Uhr | www.koenigsstuhl.com*) und ist nur nach Vorlage der 7,50 Euro teuren Eintrittskarte zu betreten. Dagegen ist der Zugang zur südlich gelegenen ● *Viktoriasicht* frei. Im Nationalparkzen-

Leuchtend weiß präsentiert sich Rügens Wahrzeichen, der Königsstuhl

RÜGEN, HIDDENSEE, STRALSUND

trum wird eine spannende Naturerlebnisausstellung und Multivisionsschau geboten. *Die Anfahrt mit dem PKW ist nicht gestattet. Vom Parkplatz Hagen, 6 km von Sassnitz, regelmäßiger Buspendelverkehr.*

SELLIN

(129 E4) (*M O3*) **Eine Lindenallee mit Hotels und Pensionen im Stil der Bäderarchitektur führt zur ☼ Steilküste des Ostseebads Sellin (2700 Ew.).**
Von dort bietet sich ein herrlicher Blick auf den Strand und die 394 m lange Seebrücke. Neben der steilen Treppe mit 87 Stufen gibt es einen Aufzug zur Seebrücke und zum Strand.

SEHENSWERTES

TAUCHGONDEL ●
Die Ostsee hautnah erleben, ohne nass zu werden: Dazu tauchen Sie in einem futuristischen Glasei rund 4 m unter den Meeresspiegel. Neben Erklärungen über den Lebensraum Ostsee und seine Bewohner informiert Sie ein 3-D-Unterwasserfilm. *Mai, Sept./Okt. tgl. 10–19, Juni–Aug. 10–21, Nov.–April Mi–So 11–16 Uhr | Wilhelmstr. 25 | www.tauchgondel.de*

ESSEN & TRINKEN

FISCHGASTSTÄTTE PETRI
Fangfrisch gebratene Ostseeflundern sowie Ostseeheringe mit kostenlosem Nachschlag, so viel Sie mögen. *Tgl. | Ostbahnstr. 5 | Tel. 038303 89 10 | www.pension-petri.de | €*

SEEBRÜCKE ★ ☺
Eine der wenigen Seebrücken mit Restaurant. Ob im lichtdurchfluteten Palmengarten oder in dem im Stil der 1920er-Jahre eingerichteten Kaiserpavillon, das Speisen wird hier zum Erlebnis. Die saisonale Küche verwendet vorwiegend Zutaten aus regionalem und biologischem Anbau. *Tgl. | Tel. 038303 92 96 00 | www.seebrueckesellin.de | €€€*

FREIZEIT & SPORT

Badespaß und Wellness im *Inselparadies* (www.inselparadies.de) mit Abenteuerbecken und Rutschen, sechs verschiedenen Themensaunen sowie Massagen, Kosmetik- und Heilkreideanwendungen.

ÜBERNACHTEN

PENSION TATJANA
Privat geführtes Haus mit 20 individuell gestalteten Zimmern. Im Restaurant *Tschai Kowski* erwarten Sie russische Spezialitäten wie Pelmeni, Borschtsch oder Wareniki. *Wilhelmstr. 28 | Tel. 038303 14 50 | www.pension-tatjana.de | €*

AUSKUNFT

KURVERWALTUNG
Warmbadstr. 4 | 18586 Ostseebad Sellin | Tel. 038303 16 11 | www.ostseebadsellin.de

ZIEL IN DER UMGEBUNG

BAABE (119 E4) (*M O–P 3*)
Das von Laub- und Nadelwald umgebene Baabe (800 Ew.) ist ideal für einen ruhigen Seeurlaub. Eine breite, von kleinen Hotels und Pensionen gesäumte Allee führt zum Strand. Am Selliner See beim alten Ortskern scheint die Zeit stehen geblieben zu sein. Hier setzt **INSIDER TIPP** der Fährmann Fußgänger und Radfahrer im Ruderboot ans andere Ufer ins romantische Moritzdorf über, per Muskelkraft versteht sich. *3 km*

STRALSUND

Blick über die Dächer Stralsunds von der Marienkirche

STRALSUND

KARTE IM HINTEREN UMSCHLAG
(127 E2–3) (*M3*) **In der ★ Altstadt von Stralsund (58 000 Ew.) drängen sich die „Perlen der Backsteingotik", die vom Reichtum der Stadt zur Hansezeit künden.**

Hoch in den Himmel recken sich die Türme der drei wuchtigen Backsteinkirchen. Das Herz der Altstadt, die die Unesco zum Weltkulturerbe erklärt hat, bildet die Alte Markt mit dem ● *Rathaus*.
Stralsund ist von drei Seiten (Strelasund, Knieperteich und Frankenteich) von Wasser umgeben. Seit 1936 verbinden der 2480 m lange Rügendamm und seit 2007 die Rügenbrücke Deutschlands größte Insel mit der Hansestadt.

SEHENSWERTES

MEERESMUSEUM
Hinter Klostermauern fühlen sich in tropischen Aquarien Rotfeuerfische und Steinfische, die als die giftigsten Seefische gelten, sowie anderes Meeresgetier sehr wohl. Zu den Attraktionen gehört das Schildkrötenaquarium. Fütterung der Schildkröten Mo, Mi und Fr um 13.15 Uhr. *Juni–Sept. tgl. 10–18, Okt.–Mai tgl. 10–17 Uhr | Katharinenberg 14–17 | www.meeresmuseum.de*

HEILGEISTHOSPITAL
Das architektonische Kleinod mit seinen farbigen Häuschen und der spätgotischen Heilgeistkirche wurde liebevoll restauriert. *Wasserstr./Klosterstr.*

MARIENKIRCHE
Gotische Backsteinbasilika mit einem der größten Hauptschiffe (99 m lang und 32,5 m hoch) an der Ostseeküste. Der phantastische Blick vom ☀ Turm lohnt den mühsamen Aufstieg unbedingt. Ein Ohrenschmaus sind die ● Konzerte auf der berühmten Stellwagen-Orgel von 1659. Kommen Sie frühzeitig! *www.st-mariengemeinde-stralsund.de*

NIKOLAIKIRCHE
Die gigantische Backsteinbasilika am Alten Markt birgt reiche Kunstschätze wie die astronomische Uhr von 1394.

OZEANEUM ★
Rund 7000 Fische und andere Tiere der nördlichen Meere tummeln sich in 39 Aquarien. Im gewaltigen Schwarmfischbecken ziehen 600 Heringe ihre Bahnen, auf der Dachterrasse führen hinter Pan-

RÜGEN, HIDDENSEE, STRALSUND

oramascheiben Pinguine ihre Schwimmkünste vor. *Tgl. 9.30–19, Juni–14. Sept. bis 21 Uhr | Hafenstr. 1 | www.ozeaneum.de*

ESSEN & TRINKEN

TAFELFREUDEN IM SOMMERHAUS
Der Name wird der Küche gerecht: Hier gibt's frisch und pfiffig zubereitete Speisen. *Mo geschl. | Jungfernstieg 5a | Tel. 03831 29 92 60 | www.tafelfreuden-stralsund.de | €€€*

FREIZEIT & SPORT

Hafenrundfahrten und Fahrten nach Hiddensee mit der *Weißen Flotte (April–Okt. | www.weisse-flotte.com).*

HANSEDOM ●
Ein in seiner Vielfalt einzigartiges, 13 000 m² großes Wasser-, Saunen- und Sportzentrum mit Badevergnügen im Innen- und Außenbereich. Von der Whirlpoollandschaft im Südseedschungel geht es ins subtropische Wellenbad mit Zwischenstopp auf den fünf Erlebnisrutschen. Vorhanden sind auch Fitnessclub, Tennisplätze, Squashcourts, Bowling- und Kegelbahnen. *Tgl. | Grünhofer Bogen 18–20 | www.hansedom.de*

AM ABEND

Oper, Operette, Schauspiel, Ballett und Konzerte im *Theater Vorpommern (Olof-Palme-Platz 6 | Tel. 03831 2 64 66 | www.theater-vorpommern.de).* Die Seebühne am Hafen ist Spielstätte der *Ostseefestspiele (www.ostseefestspiele.de).*

ÜBERNACHTEN

SCHEELEHOF
Historie trifft Moderne: geschmackvolle Zimmer unterschiedlicher Größe in historischen Giebelhäusern mitten in der Altstadt. *94 Zi. | Fährstr. 23–25 | Tel. 03831 28 33 00 | www.scheelehof.de | €€–€€€*

AUSKUNFT

STRALSUND-INFORMATION
Alter Markt 9 | neben dem Rathaus | 18439 Stralsund | Tel. 03831 2 46 90 | www.stralsundtourismus.de

ZIEL IN DER UMGEBUNG

KRANICH INFORMATIONSZENTRUM
(127 D2) (*M3*)
Bis zu 60 000 Kraniche rasten im Frühjahr und Herbst nördlich von Stralsund. Mehr über diese faszinierenden Vögel sowie die Standorte der ❄ Beobachtungsplattformen erfahren Sie im Informationszentrum in Groß Mohrdorf. *März–Mai tgl. 10–16, Juni/Juli, Nov. Mo–Fr 10–16.30, Aug. tgl. 10–16.30, Sept./Okt. tgl. 9.30–17.30 Uhr | Tel. 038323 8 05 40 | www.kraniche.de. 15 km*

Staunen über die „Riesen der Meere" im Ozeaneum

USEDOM UND GREIFSWALD

Die 445 km² große Insel Usedom bietet alles, was zu einer Ferieninsel gehört: einen 42 km langen, ● leuchtend weißen Sandstrand, Seebäder mit Kurpromenaden und -konzerten, Dörfer mit rohrgedeckten Häuschen. Heute ist Deutschlands zweitgrößte Insel wieder die „Badewanne" der Berliner – wie in den 1920er- und 1930er-Jahren.

Eine 10 km lange Strandpromenade verbindet die Seebäder Bansin, Heringsdorf und Ahlbeck, die sich eingedenk ihrer Geschichte „Kaiserbäder" nennen. Am bekanntesten ist jedoch Peenemünde, wo die Nationalsozialisten die damals modernste Raketenforschungsanlage der Welt errichteten. Am Ende des Zweiten Weltkriegs fiel ein Teil Usedoms mit der Hafenstadt Swinemünde an Polen.

Wer sich Usedom vor der Anreise aus höherer Perspektive anschauen möchte, sollte in Wolgast auf den ☼ Turm der Petrikirche steigen. Von dort reicht der Blick bis zur Hanse- und Universitätsstadt Greifswald, deren Silhouette so erhalten blieb, wie sie Caspar David Friedrich einst malte.

Über die Insel Usedom informiert Sie auch der MARCO POLO Band „Usedom".

AHLBECK

(131 F3) (*M R6*) Mit seinen vielen Bäderarchitektur-Häusern und der Strandpromenade, die sich bis nach Bansin erstreckt, ist Ahlbeck (3500 Ew.) ein attraktives Ferienziel.

Bild: Marktplatz in Greifswald

Die „Badewanne" der Berliner: Kaiserbäder, verträumte Fischerdörfer und Deutschlands östlichste Hansestadt

Deutschlands östlichstes Seebad verströmt urbanes Flair. Am lebhaftesten geht es auf der Promenade vor der Seebrücke mit der Konzertmuschel und der Jugendstiluhr von 1911 zu.

SEHENSWERTES

SEEBRÜCKE ★ ☼
Wahrzeichen von Ahlbeck und mittlerweile auch Usedoms. Die Seebrücke von 1898 mit dem roten Dach und den vier grünen Türmchen erhielt ihr heutiges Aussehen um 1930 und ist die einzige, die an der Ostseeküste Mecklenburg-Vorpommerns im Original erhalten blieb.

ESSEN & TRINKEN

CARLS KNEIPE
Das kleine Restaurant abseits der Promenade punktet mit frisch zubereiteten Gerichten: darunter viel Fisch, pommersche Küche und Eigenkreationen. Reservierung empfohlen! *Tgl. | Seestr. 6 | Tel. 038378 3 04 37 | €–€€*

AHLBECK

Egal, ob Regen oder Sonne: Wetterunabhängiges Badevergnügen bietet die Ostseetherme

SUAN THAI
Sowohl die Ausstattung mit Original-Buddha als auch die asiatischen Zutaten, die von den thailändischen Köchen bei der Zubereitung verwendet werden, bringen einen Hauch Asien an den Ostseestrand. *Tgl. | Dünenstr. 47 | Tel. 038378 6 23 00 | www.seetel-resorts.de | €€–€€€*

FREIZEIT & SPORT

Mehrmals täglich Schiffe nach Swinemünde und Misdroy in Polen *(038378 4 77 90 | www.adler-schiffe.de)*. Badespaß bietet die täglich geöffnete ★ Ostseetherme *(www.ostseetherme-usedom.de)* an der B 111. Sechs verschiedene Schwimmbecken mit Heringsdorfer Jodsole aus eigener Quelle, Grottenrutsche, römisches Dampfbad, Wasserfälle und mehr unter einer Glaskuppel. Jeden ersten Fr im Monat (Mai–Okt.) wird zur Mitternachtssauna geladen: Aufgüsse mit Überraschungen, FKK-Baden, kleine kulinarische Köstlichkeiten.

In abgelegene Ecken Usedoms führt die INSIDER TIPP *Inselsafari (www.inselsafari.de)* mit Landrover, Mountainbikes und Schlauchboot. Höhepunkte der verschiedenen naturkundlichen Tagestouren sind Tierbeobachtungen und das Grillen am offenen Feuer.

ÜBERNACHTEN

ROMANTIK SEEHOTEL AHLBECKER HOF
Nostalgische Gemütlichkeit mit dem Komfort unserer Tage: In Usedoms Nobelhotel stimmt vom Service über Ausstattung und Gastronomie bis zum herrlichen Wellnessbereich einfach alles. *70 Zi. und Suiten | Dünenstr. 47 | Tel. 038378 6 20 | www.ahlbecker-hof.de | €€€*

USEDOM UND GREIFSWALD

INSELPARADIES
17 hochwertig ausgestattete Ferienwohnungen unterschiedlicher Größe in drei Villen. Bei den meisten ist der herrliche Seeblick inklusive. *Dünenstr. 46 | Tel. 03 83 78 33 57 80 | www.inselparadies.kaiserbaeder.de | €€*

AUSKUNFT

KURVERWALTUNG
Dünenstr. 45 | Seebad Ahlbeck | Tel. 038378 49 93 50 | www.ahlbeck.de, www.drei-kaiserbaeder.de

ZIELE IN DER UMGEBUNG

ŚWINOUJŚCIE/SWINEMÜNDE
(131 F4) (*M R6*)
Der ehemalige Hauptort (45 000 Ew.) der Insel gehört seit 1945 zu Polen, ist Hafenstadt, Seebad und Kurort zugleich. Seit 2008 fährt die Usedomer Bäderbahn über die Grenze bis in die Stadt.

USEDOM (131 D4) (*M Q7*)
Ein liebenswertes Städtchen (1900 Ew.) mit der backsteinernen Marienkirche am Markt. Bis heute wird gerätselt, ob die Insel der Stadt den Namen gab oder umgekehrt. Auf dem *Schlossberg* erinnert ein Kreuz an die Predigt des Bischofs Otto von Bamberg zur Christianisierung 1128. Gute Küche im Hotelrestaurant *Norddeutscher Hof (Dez.–April So geschl. | Tel. 038372 70 2 66 | www.norddeutscherhof.de | €–€€)* am Markt. *23 km*

BANSIN

(131 F3) (*M Q6*) **Als „gemütliches Familienbad" bezeichnet sich das kleine Ostseebad, das am Rande eines Walds und unweit stiller Binnenseen liegt.**

Das Gesicht des Orts (2400 Ew.) prägen heute kleine, meist zu Beginn des 20. Jhs. erbaute Hotels und Pensionen.

SEHENSWERTES

GEDENKATELIER ROLF WERNER
40 Jahre, bis zu seinem Tod 1989, wirkte der Maler Rolf Werner auf Usedom. Sein Wohnhaus und Atelier sind heute ein Museum. *Führungen tgl. 11, Di, Do, Sa/So auch 14.30 u. 18 Uhr | Seestr. 60*

HANS-WERNER-RICHTER-HAUS
Der 1908 bei Bansin geborene Schriftsteller wird im alten, ausgedienten Feuerwehrgebäude mit der Ausstellung von Teilen seines Nachlasses gewürdigt. Richter war Initiator der „Gruppe 47", der bedeutendsten Schriftstellervereinigung der deutschen Nachkriegsliteratur. *Juli/Aug. Di–Fr 10–18, Sa/So 12–18, Sept.–Juni bis 16 Uhr | Waldstr. 1*

MARCO POLO HIGHLIGHTS

★ **Seebrücke**
Einzigartiges historisches Bauwerk Ahlbecks → S. 85

★ **Ostseetherme**
Ahlbeck bietet Badespaß und Entspannung für Jung und Alt
→ S. 86

★ **Pommersches Landesmuseum**
Alte Gemälde neu präsentiert in Greifswald, darunter auch Bilder von Caspar David Friedrich
→ S. 90

★ **Heringsdorf**
Pensionen aus der Kaiserzeit und eine 508 m lange Seebrücke → S. 91

BANSIN

Eine Seltenheit: die Mühle von Benz aus dem Jahr 1830

TROPENHAUS
Rund 120 exotische Tiere von Leguanen über Schlangen bis zu Affen. *Mai–Sept. tgl. 10–18, Okt.–April 10–16 Uhr | Goethestr./Ecke Kirchstr. | www.tropenhaus-bansin.de*

ESSEN & TRINKEN

FISCHKOPP
In der offenen Küche können die Gäste beobachten, wie die Fischgerichte zubereitet werden. Eine Spezialität sind verschiedene Schnäpelgerichte. *Tgl. | Seestr. 66 | Tel. 038378 8 06 23 | www.fischkopp-bansin.de | €€*

FREIZEIT & SPORT
Von der Seebrücke fahren Schiffe mehrmals täglich nach Heringsdorf, Ahlbeck sowie nach Swinemünde und Misdroy *(Tel. 038378 4 77 90 | www.adler-schiffe.de)*. Tennisplätze am Buchenpark. Ruder- und Tretbootvermietung am Strand und am Großen Krebssee.

AM ABEND

ATLANTIC PUB
In der Seemannskneipe klönen Einheimische wie Gäste gern bei Bier und Korn. **INSIDER TIPP** *Fr können Sie bei Livemusik das Tanzbein schwingen.* Do–So abends | Strandpromenade 18 | im Romantikhotel Atlantic

ÜBERNACHTEN

OSTSEERESIDENZ SEESCHLOSS
Anspruchsvolle, großzügige Ferienwohnungen, auch mit Hotelservice buchbar, direkt an der Strandpromenade. Zu den Annehmlichkeiten zählen Schwimmbad mit Seeblick, Sauna und Dampfbad. *57 Ap. | Strandpromenade 33 | Tel. 038378 6 07 | www.ostseeresidenz-seeschloss.de | €€€*

ÖKOLOGISCHE FERIENWOHNANLAGE SCHLOONSEE
Natur und Ruhe garantiert: In einem alten Kiefernwäldchen stehen skandinavische Holzhäuser, die nach ökologischen Standards eingerichtet sind. Jedes Haus verfügt über einen eigenen Garten mit Terrasse. *29 Häuschen | Am Schloonsee 1 | Tel. 038378 23 10 | www.usedomer-ferienhaus-vermietung.de | €*

AUSKUNFT

KURVERWALTUNG
Haus des Gastes (an der Strandpromenade) | 17429 Seebad Bansin | Tel. 038378 4 70 50 | www.bansin.de, www.dreikaiserbaeder.de

USEDOM UND GREIFSWALD

ZIEL IN DER UMGEBUNG

BENZ (131 E3) (*Q6*)

Das Dorf schmückt sich mit rohrgedeckten Häuschen, einer Holländerwindmühle und einer besonders schönen Kirche. In einer Scheune etablierte sich das *Kunst-Kabinett (Fr–So 11–17 Uhr | Kirchstr. 14a | www.kunstkabinett.de)* mit wechselnden Ausstellungen. Auf dem Friedhof fanden 1984 Otto Niemeyer-Holstein, der Altmeister der norddeutschen Landschaftsmalerei, und 2006 die renommierte Publizistin und Schriftstellerin Carola Stern ihre letzte Ruhestätte. *5 km*

GREIFSWALD

KARTE IM HINTEREN UMSCHLAG
(130 A2) (*N5*) **Die Stadtsilhouette Greifswalds (54 000 Ew.) bestimmen drei gewaltige gotische Backsteinkirchen.**
Sie beeindruckten schon Caspar David Friedrich, den großen Sohn der Stadt, der sie immer wieder malte. Die Hansestadt strahlt maritimes Flair aus, quirlig jung ist sie durch die rund 12 000 Studenten, die an der 1456 gegründeten Universität studieren.

SEHENSWERTES

ELDENA

Gegründet wurde das Kloster Hilda, später Eldena genannt, 1199 von Zisterziensern. Berühmtheit erlangte die Ruine durch Gemälde von Caspar David Friedrich. Die Stadtteile Eldena und Wieck verbindet eine nach holländischem Vorbild erbaute Klappbrücke über den Ryck.
Die Klosterruine bildet die Kulisse für Theateraufführungen, Klassik- und Popkonzerte wie z. B. die Eldenaer Jazz-Evenings am ersten Juliwochenende.

KIRCHEN

Die drei bedeutenden Backsteinkirchen der Stadt stehen in der Altstadt dicht beieinander. Im *Dom St. Nikolai* können Sie ein Porträt der ersten Professoren der Greifswalder Universität betrachten und in den östlichen Kapellen des südlichen Seitenschiffs Wandmalereien aus dem Mittelalter. Vom mächtigen *Westturm* hat man einen schönen Blick. In der *Marienkirche* sind über 300 Grabplatten zu sehen. Schmuckstücke der *Jakobikirche* sind das mehrfach abgestufte Turmportal und das Kreuzrippengewölbe (14. Jh.).

MARKTPLATZ

Der von Bürgerhäusern aus Gotik, Renaissance und Barock umgebene Marktplatz ist die gute Stube der Stadt. Glanzpunkt ist das *Giebelhaus Nr. 11,* das mit

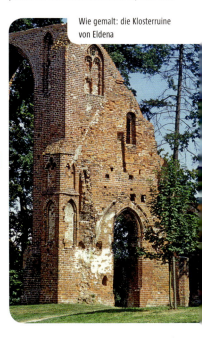

Wie gemalt: die Klosterruine von Eldena

GREIFSWALD

der *Nr. 13* zu den hervorragenden Beispielen gotischer Backsteinarchitektur zählt. Das *Rathaus* an der Westseite war einst Kauf- und Handelshaus. In neogotischen Formen präsentiert sich das Haus der *Ratsapotheke*.

POMMERSCHES LANDESMUSEUM ★
Das Museum präsentiert die Landesgeschichte von der Eiszeit bis zur Gegenwart. Von Caspar David Friedrich, dem

ESSEN & TRINKEN

LE CROY
In der offenen Küche ist die Kreativität von Küchenchef Stefan Frank zu bewundern, der zu den besten Mecklenburg-Vorpommerns gehört und viel Wert auf Qualität und Regionalität der Produkte legt. Verwendet werden hochwertige und frische Zutaten, Wildkräuter und Gewürze, keine Zusatz-, Farb- und

Pommersches Landesmuseum: vom Franziskanerkloster zum Museum des 21. Jhs.

großen Sohn Greifswalds, hängen acht Arbeiten in der Gemäldegalerie. Ein großer Schatz ist der **INSIDER TIPP** Croy-Teppich, ein 4 x 7 m großer Gobelin aus dem Jahr 1554, der die Vermählung von Maria von Sachsen und Philipp I. von Wolgast durch Martin Luther zeigt. *Di–So Mai–Okt. 10–18, Nov.–April 10–17 Uhr | Rakower Str. 9 | www.pommersches-landesmuseum.de*

Konservierungsstoffe. Preiswertere Mittagskarte. In Handarbeit entstehen in der **INSIDER TIPP** Chokoladenmanufaktur köstliche Pralinés in außergewöhnlichen, jahreszeitlich variierenden Zusammensetzungen wie Kaffee-Nelke oder Orange-Thymian. *Mo und Feb. geschl. | im Pommerschen Landesmuseum | Rakower Str. 9 | Tel. 03834 77 58 45 | www.le-croy.de | €€–€€€*

USEDOM UND GREIFSWALD

FRITZ BRAUGASTHAUS 🌿
Uriges Ambiente im ältesten erhaltenen Giebelhaus der Stadt. Zur rustikalen Küche mit Ökoausrichtung schmeckt die naturtrübe Bierspezialität „Zwickelfritz". *Tgl. | Am Markt 13 | Tel. 03834 5 78 30 | www.fritz-braugasthaus.de | €€*

OLIVE
Vielfältige Mittelmeerküche mit einem Hauch Orient. Pasta, fangfrischer Fisch und aromatische Gewürze. *So geschl. | Domstr. 40 | Tel. 03834 79 91 43 | www.olive-greifswald.de | €€*

AM ABEND
Das **INSIDER TIPP** *Soziokulturelle Zentrum St. Spiritus (Lange Str. 49 | www.kulturzentrum.greifswald.de)* lädt zu Ausstellungen und Konzerten. Das *Theater Vorpommern (Anklamer Str. | Ticket-Tel. 03831 2 64 66 | www.theater-vorpommern.de)* bietet auch Oper, Operette und Konzerte. Im Sommer begeistern die Open-Air-Aufführungen der *Ostseefestspiele (www.ostseefestspiele.de)* im Hafen und in der Klosterruine Eldena.

ÜBERNACHTEN

HÔTEL GALERIE
Moderne und zeitgenössische Originalkunst erwartet Sie in allen Zimmern und den öffentlichen Bereichen des kleinen Hotels in der Nähe des historischen Marktplatzes. *13 Zi. | Mühlenstr. 13 | Tel. 03334 7 73 78 30 | www.hotelgalerie.de | €€*

KRONPRINZ
Ideale Citylage, dennoch ruhig, mit einem angenehmen familiären Service. In der zum Haus gehörigen Brasserie gibt es oft Livemusik. *31 Zi. | Lange Str. 22 | Tel. 03834 79 00 | www.hotelkronprinz.de | €€*

AUSKUNFT

TOURISTINFORMATION
Am Markt (im Rathaus) | 17489 Greifswald | Tel. 03834 52 13 80 | www.greifswald.info

HERINGSDORF

(131 F3) *(M R6)* ⭐ **Vieles erinnert noch an jene Zeit, als Heringsdorf (3700 Ew.) das Seebad der Aristokratie und Hochfinanz war.**

So weilten Kaiser Wilhelm I. und auch sein Enkel, Wilhelm II., mehrfach in dem Seebad, das einst als „Nizza des Ostens" bezeichnet wurde. Aus dieser glanzvollen

LOW BUDGET

▶ Zwischen zwei Tagesgerichten zu 6,50 Euro und einer Tagessuppe zu 4 Euro wählen Sie Mo–Fr im *Café Caspar (tgl. | Fischstr. 11 | www.cafecaspar.de)* in Greifswald.

▶ Preiswert sind die Mittagsgerichte auch im *Café Lichtblick (So geschl. | Markt 23/24 | Tel. 03834 51 78 18)* in Greifswald: Das Tagesgericht kostet 4 Euro, die Tagessuppe 2,70 Euro.

▶ Die *Naturparkverwaltung Insel Usedom (www.naturpark-usedom.de)* organisiert von Mai bis Anfang Oktober kostenlose ● Rad- und Fußwanderungen.

HERINGSDORF

Zeit stammen zahlreiche der prächtigen Hotels, Pensionen und Villen im Stilmix der Bäderarchitektur. Meist stehen sie in parkähnlichen Gartenanlagen. Das denkmalgeschützte Kulturhaus, 1948 von den Sowjets erbaut, die Heringsdorf in den

Auch er besuchte Heringsdorf: Kaiser Wilhelm I.

Jahren nach dem Zweiten Weltkrieg als Sanatorium für sich vereinnahmt hatten, wurde in das moderne *Forum Usedom* mit Kursaal und Spielbank einbezogen.

SEHENSWERTES

MUSCHELMUSEUM
Hier sehen Sie Muscheln, Schnecken und Korallen in großer Vielfalt. *Tgl. 10–18, Sommer bis 21 Uhr | Seebrücke (im Landgebäude rechts) | www.muschelmuseum.kaiserbaeder.de*

MUSEUM VILLA IRMGARD
Museum für Literatur- und Regionalgeschichte. Informationen gibt es vor allem über den russischen Dichter Maxim Gorki, der 1922 in dem Haus residierte, um eine Tuberkuloseerkrankung auszukurieren. Außerdem interessante Wechselausstellungen. *Mai–Sept. 14–18, Okt.–April 12–16 Uhr | Maxim-Gorki-Str. 13*

SEEBRÜCKE
1995 erbaut und mit 508 m die längste bewirtschaftete Seebrücke Kontinentaleuropas. Kino, Café, Restaurant, Fitnesscenter, Ferienwohnungen, Geschäfte und ein Restaurant im Brückenkopf machen sie zur schönsten Usedoms. Das war sie schon einmal, nämlich bis 1958, als Brandstiftung die ursprünglich nach Kaiser Wilhelm benannte Brücke zerstörte.

ESSEN & TRINKEN

USEDOMER BRAUHAUS
Rustikaler Gastraum mit kleinen und großen Nischen und immer gut besucht. Sechs verschiedene Sorten selbst gebrautes Bier werden hier ausgeschenkt sowie hauseigene Edeldestillate. Deftiges Essen und Gerichte für den kleinen Hunger. Alle Inselbiere gibt es auch als INSIDER TIPP Probe im 0,1-l-Glas. *Tgl. | Platz des Friedens | Tel. 038378 6 14 21 | www.usedomer-brauhaus.de | €*

WEHRMANNS ALT-HERINGSDORF
Der traditionell klingende Name täuscht: Serviert wird eine frische, kreative Bistroküche mit hochwertigen Produkten: moderne Fischgerichte, Wild aus heimischen Wäldern, Flammkuchen. Besonders lecker sind die Pastagerichte. Die Pasta dafür stellt ein kleines Familienunternehmen in Italien in Handarbeit her. *Tgl. | Kulmstr. 7a | Tel. 038378 5 42 01 | www.strandhotel-ostseeblick.de | €–€€*

USEDOM UND GREIFSWALD

ZINNOWITZ

(131 D2) (*M P5*) **Laub- und Kiefernwälder umgeben Zinnowitz (3700 Ew.), das größte Seebad auf der nordwestlichen Hälfte Usedoms.**

Anziehungspunkt ist die Strandpromenade mit der 315 m langen Seebrücke. Der historische Ortskern, in dem noch viel an das einstige Fischerdorf erinnert, liegt dem Achterwasser zugewandt. Der Badebetrieb begann in Zinnowitz Mitte des 19. Jhs. Und so wurden die meisten Hotels um die folgende Jahrhundertwende im Stil der Bäderarchitektur erbaut.

FREIZEIT & SPORT

Von der Seebrücke legen Schiffe nach Ahlbeck und in die polnischen Orte Swinemünde und Misdroy ab *(Tel. 038378 477 90 | www.adler-schiffe.de)*. Wie im Märchen aus Tausendundeiner Nacht fühlt man sich in INSIDER TIPP *Shehrazade (Seestr. 41 | in der Ostseeresidenz)*. Auf zwei Ebenen sorgen Schwimmbad, computergesteuerte Fitnessgeräte und Wellnessbereich für Entspannung und Wohlergehen.

AM ABEND

Über 200 Veranstaltungen gibt es von Mitte Mai bis Ende August im roten *Theaterzelt (Strandpromenade)*. Das Programm reicht von Schauspiel über Artistik und Jazz bis zum Puppenspiel. Die *Spielbank* im Usedom-Forum bietet 80 Glücksspielautomaten, American Roulette und Black Jack.

ÜBERNACHTEN

MARITIM HOTEL KAISERHOF
Schöne Hotelanlage unmittelbar an der Strandpromenade unweit der Seebrücke. Die meisten Zimmer verfügen über einen Balkon mit Meeresblick. Entspannung garantiert die Wellnessoase auf drei Etagen mit Meerwasserschwimmbecken, Thalassozentrum, verschiedenen Saunen und einem Außenpool auf dem Hoteldach. *143 Zi. | Kulmstr. 33 | Strandpromenade | Tel. 038378 6 50 | www.maritim-usedom.de | €€€*

AUSKUNFT

KURVERWALTUNG
Kulmstr. 33 | 17424 Seebad Heringsdorf | Tel. 038378 24 51 | www.heringsdorf-usedom.de, www.drei-kaiserbaeder.de

SEHENSWERTES

TAUCHGONDEL
Mit dem futuristischen Ei erleben Sie trockenen Fußes einen Tauchgang in die Ostsee. Durch die großen Panoramascheiben schauen Sie ins Meer, die Besatzung erklärt den Lebensraum Ostsee, und Sie sehen wechselnde 3-D-Filme zum Thema Meer und seine Bewohner. *Am Ende der Seebrücke | Juni–Aug. tgl. 10–21, Mai, Sept./Okt. 10–18, Nov.–April Mi–So 11–16 Uhr | www.tauchgondel.de*

ESSEN & TRINKEN

ZUM SMUTJE
Hier locken die frischen Fischspezialitäten. Besonders köstlich ist der Ostseedorsch, gedünstet oder gebraten. *Tgl. | Vinetastr. 5a | Tel. 038377 4 15 48 | €€*

VIALES 🌿
Kleines Biobistro und Geschäft für Bioprodukte aus der Region. Täglich wechselnde Suppen, Flammkuchen, Leckeres aufs Brot, Kaffee, Tee und Kuchen. *So geschl. | Waldstr. 4 | Tel. 038377 37 99 90 | www.bio-usedom.de | €*

ZINNOWITZ

FREIZEIT & SPORT

An der Seebrücke legen die Ausflugsschiffe ab. Tennisplätze: *An der Waldbühne*. Der *Sportpark Barge (Möskenweg 24)* bietet (Tisch-)Tennis, Badminton, Kegeln. In der *Bernsteintherme (tgl. | Dünenstr. | www.bernsteintherme.de)* genießen Sie 28–32 Grad warmes Meerwasser.

AM ABEND

Veranstaltungen gibt es im *Musikpavillon* und in der *Ostseebühne*. Dort finden Mitte Juni bis Anfang Sept. die *Vineta-Festspiele (Ticket-Tel. 03971 20 89 25 | www.vineta-festspiele.de)* statt. Die multimediale Theatershow erzählt Episoden aus der Stadtgeschichte. Ganzjährig Theater in der *Blechbüchse – das gelbe Theater (Seestr. 8 | Tel. 03971 20 89 25 | www.blechbuechse.de)*.

ÜBERNACHTEN

ASGARD
Schöne Bäderarchitektur und herrliche Lage an der Promenade. Gesundheits- und Schönheitszentrum mit Schwimmbad, Sauna, Dampfbad und Beauty-Anwendungen. *34 Zi., 50 Ap. | Dünenstr. 20 | Tel. 038377 46 70 | www.hotelasgard.de | €€*

PARKHOTEL AM GLIENBERG
38 große, freundlich eingerichtete Zimmer mit Halbpension in ruhiger Lage; Wellnessbereich mit Schwimmbad. *Waldstr. 13 | Tel. 038377 7 20 | www.parkhotel-am-glienberg.de | €€€*

AUSKUNFT

KURVERWALTUNG
Neue Strandstr. 30 | 17454 Zinnowitz | Tel. 038377 49 20 | www.zinnowitz.de

ZIELE IN DER UMGEBUNG

KÖLPINSEE (131 E2) (*Q5*)
Idyllisch gelegener Badeort (1000 Ew.). Der Kölpinsee war Namensgeber. Einen Tag mal richtig faulenzen, sich treiben lassen? ● Mieten Sie sich im Ortsteil Loddin bei *Kikis Bootsverleih (www.achterwasser.de)* ein Ruderboot, vergessen Sie den Picknickkorb nicht, und auf geht's zu einer Fahrt ins Blaue auf dem Achterwasser. Den Abend beenden Sie in einem der besten Usedomer Fischrestaurants, dem *Waterblick (Am Mühlenberg 5 | Tel. 038375 2 02 94 | www.waterblick.de | €€)*. 10 km

KOSEROW (131 E2) (*Q5*)
Badeort (1600 Ew.) mit kleinen Hotels und Pensionen und einer 261 m langen Seebrücke. Um einen ausgedienten S-Bahnwagen baute sich ab 1932 der Altmeister der norddeutschen Landschaftsmalerei, Otto Niemeyer-Holstein, sein skurriles Zuhause, das heute zu besichtigen ist. *Lüttenort* taufte es der 1984 verstorbene Künstler *(Mitte April–Mitte Okt. tgl. 10–18, Führungen 11, 12, 14, 15 Uhr, Mitte Okt.–Mitte April Mi/Do, Sa/So 10–16, Führungen 11, 12, 14 Uhr)*. Fisch wird hervorragend zubereitet in der *Koserower Salzhütte (Bei der Seebrücke | Tel. 038375 2 06 80 | www.koserower-salzhuette.de | €€)*. 2 km

PEENEMÜNDE (130 C1) (*P5*)
In Peenemünde entwickelten die Nationalsozialisten im damals größten Hightechzentrum Europas die erste automatisch gesteuerte Flüssigkeitsgroßrakete. Sie war eine der grausamsten Waffen des Zweiten Weltkriegs, gilt aber auch als Vorläufer aller Raumfahrtträgerraketen. Nach dem Zweiten Weltkrieg machten die Sowjets, wie im Potsdamer Abkommen festgelegt, fast alle Anlagen dem

USEDOM UND GREIFSWALD

Erdboden gleich. Im heutigen *Historisch Technischen Museum (April–Sept. tgl. 10–18, Okt. tgl. 10–16, Nov.–März Di–So 10–16 Uhr | www.peenemuende.de)* informiert eine Ausstellung im ehemaligen Kraftwerk über die Raketenentwicklung. Nach einem Besuch in der ● *Phänomenta (Mitte März–Okt. tgl. 10–18, Weihnachten, Neujahr, Winterferien tgl. 10–16 Uhr | www.phaenomenta-peenemuende.de)* wissen Sie, ob sich ein Trabi mit einem Arm hochheben lässt und ob man in eine Seifenblase kriechen kann.
Das *Maritim Museum (tgl. Mai–Juni, Mitte Sept.–Mitte Okt. 10–18, Juli–Mitte Sept. 9–20, Mitte Okt.–April 10–16 Uhr)* zeigt das einst größte dieselbetriebene U-Boot (86 m Länge), das die russische Kriegsmarine 1994 außer Dienst stellte. *15 km*

WOLGAST (130 C2) (*M P5*)

Die Stadt (12 500 Ew.) am Peenestrom bildet das nördliche Eingangstor zur Insel Usedom. Das Stadtbild prägen barocke Kaufmannshäuser mit großen Lagerböden und Speicher, das mittelalterliche Rathaus mit einer Barockfassade sowie die monumentale backsteinerne Pfarrkirche *St. Petri (www.kirche-wolgast.de)* mit herzoglichen Särgen, darunter der Prunksarg von Herzog Philipp Julius, mit dessen Tod 1625 die herzogliche Linie Pommern-Wolgast ausstarb. Den Aufstieg auf den ☼ Turm belohnt ein weiter Blick bis nach Usedom. Das *Geburtshaus von Philipp Otto Runge (April–Okt. Di–Fr 10–18, Sa/So 11–16 Uhr | www.museum.wolgast.de)* (1777–1810), des großen Malers der Frühromantik, befindet sich in der Kronwieckstraße und lohnt auch wegen der vielen baulichen Originaldetails wie barocken Treppenaufgängen einen Besuch. Viele verschiedene Fischgerichte und vier Fischsuppen sind bei *Fischer Klaus (April–Okt. tgl. | Hafenstr. 5–7 | Tel. 038 36 23 42 72 | €–€€)* zu haben. Die **INSIDER TIPP** Fischsuppe Wolgast gibt es auch in Dosen zum Mitnehmen.

Der Strand von Zinnowitz bietet viel Platz für Sonnenanbeter und Spaziergänger

AUSFLÜGE & TOUREN

Die Touren sind im Reiseatlas, in der Faltkarte und auf dem hinteren Umschlag grün markiert

1 MIT DEM „MOLLI" ZUM OSTSEESTRAND

Er schnauft und rattert, er pfeift und bimmelt: Der ★ **„Molli"** zuckelt durch enge Straßen, durch Wiesen und Felder bis zur Ostsee. Eisenbahnfreaks kommen von weit her, um in die Kleinbahn mit dem fauchenden Dampfross zu steigen. Sie wurde zwar zum technischen Denkmal erklärt, ist aber Bestandteil des öffentlichen Nahverkehrs und fährt täglich nach Fahrplan. Die ● romantische Fahrt führt von Bad Doberan bis nach Kühlungsborn, die Fahrzeit für die 15,4 km lange Strecke beträgt 43 Min.

Am 19. Juli 1886 dampfte zum ersten Mal ein Zug in **Bad Doberan → S. 43** los; damals fuhr die erste öffentliche Schmalspurbahn Mecklenburgs mit der seltenen Spurweite von 900 mm nur bis Heiligendamm, 1910 wurde die Strecke bis ins heutige Kühlungsborn verlängert.

Der „Molli", **Mecklenburgische Bäderbahn** genannt, beginnt seine Fahrt am **Bahnhof Bad Doberan**. Mit dem typischen Pfeifen und Bimmeln setzt sich der Zug mit der Dampflok an der Spitze in Bewegung. Nach kurzer Fahrt durch den Bad Doberaner Stadtpark kreuzt die Bahn am Alexandrinenplatz die B 105, unmittelbar danach hält sie am **Haltepunkt Stadtmitte**. In den schmalen Straßen der Innenstadt zuckelt der „Molli" oft nur im Abstand von knapp 1 m an den Häusern entlang. Fast mit Schrittgeschwindigkeit erreicht er den **Haltepunkt**

Bild: „Rasender Roland"

Mit Dampf und Muskelkraft die Ostseeküste entdecken: historische Zugfahrten und eine Radtour durch den Nationalpark

Bad Doberan Goethestraße *(0,9 km)*. Danach geht es am **Ehm-Welk-Haus** → S. 44 vorbei, in dem der durch die „Kummerow"-Bücher berühmt gewordene Autor (1884–1966) wohnte.

Linker Hand erstreckt sich das Gelände der ersten europäischen Galopprennbahn. Von 1823 bis 1939 und von 1945 bis 1962 wetteiferten hier Pferde und Jockeys um Siegerkränze, danach wurde das Gelände landwirtschaftliche Nutzfläche. 1993 fand nach 31 Jahren wieder ein Pferderennen statt, seitdem halten die Züge an Renntagen am **Haltepunkt Rennbahn** *(3,8 km)*.

Kurz darauf ist das nächste Ziel erreicht, der **Bahnhof Ostseebad Heiligendamm** → S. 43 *(6,5 km)*. In dem klassizistisch erbauten Badeort erholte sich einst in den Sommermonaten die Schweriner Herzogsfamilie, umgeben von den Spitzen der mecklenburgischen Gesellschaft. Deren Wunsch, bequem von Doberan nach Heiligendamm zu gelangen, führte zum Bau der Bahn. Der nächste Stopp – allerdings nur in der warmen Jahreszeit –

liegt am 1969 eingerichteten **Haltepunkt Steilküste-Wittenbeck** *(10,8 km)*.
Einen großen Bogen um den Ort ziehend nähert sich der „Molli" dem **Bahnhof Ostseebad Kühlungsborn Ost** *(12,7 km)*. Bis 1938, als **Kühlungsborn → S. 46** durch den Zusammenschluss von drei Orten entstand, war am Bahnhofsgebäude Brunshaupten zu lesen. Das nächste Ziel ist der **Haltepunkt Kühlungsborn Mitte** *(13,5 km)*. Die hölzerne Halle entspricht heute noch fast dem Original aus dem Jahr 1910.
Noch 5 Min., und der Zug fährt ein in den **Bahnhof Ostseebad Kühlungsborn West** *(15,4 km)*. Als der Bahnhof 1927 gebaut wurde, hieß dieser heutige Teil von Kühlungsborn noch Arendsee. Im INSIDER TIPP **Eisenbahnmuseum** *(Di–So entsprechend dem Fahrplan)* sind viele Exponate aus der Geschichte des „Molli" zu sehen.
Auskunft: Mecklenburgische Bäderbahn Molli GmbH & Co KG | Am Bahnhof | Bad Doberan | Tel. 038203 4150 | www.molli-bahn.de.

2 IM „RASENDEN ROLAND" DURCH SÜDOST-RÜGEN

★ **Ein besonderes Vergnügen ist eine Fahrt mit der nostalgischen Kleinbahn, auf der Sie die schönsten Punkte der Insel ganz gemütlich entdecken. Fahrzeit: ca. 1 Std. (26,8 km).**

104,8 km lang war die Schmalspurstrecke auf Deutschlands größter Insel einst, übrig ist nur das 24,2 km lange Stück von Putbus nach Göhren, das 1999 um 2,6 km bis zum Hafen von Lauterbach verlängert wurde. Die Bahn fährt täglich zwischen 8 und 21 Uhr im Zweistundentakt, in den Sommermonaten stündlich, dann gibt es auch Spätfahrten bis kurz vor Mitternacht.

Am 22. Juli 1895 schnaufte in **Putbus → S. 78** zum ersten Mal ein Zug los. „Rasender Roland" taufte der Volksmund die Bahn mit 750 mm Spurweite spöttisch, da die Höchstgeschwindigkeit maximal stolze 30 km/h beträgt. Dampflokomotiven aus den Jahren 1914–1953 ziehen Wagen, die Baujahr 1900–1927 sind. In einigen von ihnen stehen sogar noch Kanonenöfen, die der Schaffner im Winter, ganz auf den Komfort der Fahrgäste bedacht, mit Kohlen beheizt.
Der „Rasende Roland" dampft im **Bahnhof Putbus-Landesbahn** los. Nach vier Minuten stoppt der Zug am **Haltepunkt Beuchow** *(1,8 km)*. Beuchow ist eine der sieben Bedarfshaltestellen; die gesamte Strecke hat insgesamt zwölf Haltepunkte. Wer aussteigen möchte, sollte das vorher dem Lokführer oder Schaffner mitteilen, INSIDER TIPP **wer einsteigen möchte, winkt einfach an den Haltepunkten**.
Die Kleinbahn zuckelt nun zum **Haltepunkt Posewald** *(3,8 km)* und weiter zum **Haltepunkt Selvitz** *(6,9 km)*. Durch Wald und Wiesen geht die Fahrt weiter zum **Haltepunkt Serams** *(8,1 km)*. Nach Serams sieht man links durch Schilf und Sträucher etwas vom verlandenden Schmachter See, der vor rund 200 Jahren noch eine Bucht der Ostsee war. Kurz darauf erreichen Sie den **Bahnhof Binz Landesbahn** *(10,9 km)*.
Von **Binz → S. 74** fährt der Zug um die Höhen der Granitz herum und stoppt dann im Wald am **Jagdschloss Granitz → S. 76** *(13,2 km)*. Durch einen der herrlichsten Buchenwälder, die es im Norden Deutschlands gibt, dampft die Bahn zum **Haltepunkt Garftitz** *(14,6 km)* und von dort weiter in Richtung **Sellin → S. 81**, das sich nach dem Bau der Bahn vom Fischerdorf zum Seebad entwickelte.
Direkt an der B 196 liegt der **Bahnhof Ostseebad Sellin** *(19,0 km)*. Das Empfangsgebäude stammt noch aus der Er-

AUSFLÜGE & TOUREN

Strandkörbe gehören einfach zum Ostseestrand – sie sind hier schließlich erfunden worden

bauungszeit aus dem Jahr 1896. Es wurde saniert und beherbergt seit 2000 eine Gaststätte, den **Selliner Kleinbahnhof**. Der Zug schnauft nun zum **Bahnhof Baabe** *(21,3 km)*. Vor allem nach dem Zweiten Weltkrieg hat sich **Baabe → S. 81** zu einem hübschen, stillen Badeort mit kleinen Hotels und Pensionen entwickelt. Die nächste Station des „Rasenden Roland", direkt an der B 196 im Wald gelegen, ist der **Haltepunkt Philippshagen** *(22,0 km)*. Nach einer guten Stunde gemütlicher Fahrt hat der Zug seinen Endpunkt, den **Bahnhof Ostseebad Göhren → S. 76** *(24,2 km)* erreicht. Vom Göhrener Bahnhof sind es nur wenige Minuten bis zur Seebrücke und dem feinen Sandstrand.
Auskunft: *Rügensche Bäderbahn | Bahnhofstr. 1a | Göhren | Tel. 03838 8135 91 | www.ruegensche-baederbahn.de*.

NATUR PUR: MIT DEM FAHRRAD ÜBER DEN DARSS

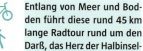

Entlang von Meer und Bodden führt diese rund 45 km lange Radtour rund um den Darß, das Herz der Halbinselkette Fischland, Darß, Zingst. Die Wanderwege sind durch weiß-grüne Hinweisschilder gut markiert. Um keinen Schilderwald zu erzeugen, haben die Touristiker darauf verzichtet, diese Tour mit einem speziellen Signet zu kennzeichnen.

Da der Nationalpark mit seiner wilden Natur nur zu Fuß, per Rad oder Kutsche durchquert werden darf, gibt es keine Autoabgase, die das Radelvergnügen beeinträchtigen könnten. Auch Anstrengungen brauchen Sie nicht zu befürchten, der höchste Darß-Berg bringt es ge-

Ursprünglich, einsam und wunderschön: Darßer Urwald

rade mal auf schlappe 13 m: Das ist die Hohe Düne östlich von Prerow. Freuen Sie sich auf herrliche, breite Strände und die vielerorts tosende Ostsee im Westen, auf stille, von Schilf eingerahmte Bodden auf der anderen Seite und einen urwüchsigen Wald dazwischen, den keine öffentliche Straße durchschneidet.

In **Prerow** → S. 64 geht's los. Vergessen Sie nicht, Wasser und genügend Proviant mitzunehmen, denn Gaststätten oder Imbissbuden findet man in dem fast 50 km² großen Gebiet, durch das der erste Teil der Tour führt, ebenso wenig wie Ferienhäuser oder Campingplätze. Nach 5 km in nordwestlicher Richtung auf dem unbefestigten Weg haben Sie den backsteinroten **Leuchtturm Darßer Ort** → S. 64 erreicht, der seit 1849 sein blinkendes Licht in die Nacht hinausschickt. Wer möchte, kann sein Rad hier abstellen und auf einem 4 km langen Rundwanderweg in die Kernzone des Nationalparks Vorpommersche Boddenlandschaft wandern. Niemand hindert hier die Natur, sich frei zu entfalten, was diese reichlich nutzt. Sturm und Wasser modellieren ständig die Küstenlinie, riesige Sandmassen werden hin und her geschoben und lassen die Nordspitze des Darßes Jahr für Jahr um etwa 10 m wachsen. Von ☼ Aussichtsplattformen lassen sich die Naturprozesse aus nächster Nähe beobachten.

Vom Leuchtturm radeln Sie etwa 1,5 km zurück in Richtung Prerow und biegen an der ersten Kreuzung nach rechts in den Plattenweg ein. Jetzt sind Sie im **Darßer Urwald**, der sich in seiner fast unberührten Schönheit von Prerow bis Ahrenshoop hinzieht. Die Stille und Einsamkeit unterbricht das Hämmern eines Spechts, ein Eichhörnchen springt von Baum zu Baum, in einem riesigen Haufen wuseln Tausende von Waldameisen. Am Großen Stern, so heißt eine markante Wegkreuzung nach 4,5 km, führt der Weg rechts zum 2 km entfernten ● **Weststrand**. Plötzlich öffnet sich der Wald, die Brandung der Ostsee ist zu hören, und Sie werden fasziniert sein, denn ein urwüchsiger Strand ist in ganz Deutschland nicht zu finden: Entwurzelte Bäume bleiben liegen, bis sie als bizarre, von der Sonne gebleichte Gerippe irgendwann zerbröseln. Viele Kiefern hat der Sturm eigenartig geformt, vom Volksmund Windflüchter genannt. Sie stehen so schräg, dass man meint, sie liefen sich vor dem Wind duckend davon. Den Strand verlassen die wenigsten Touristen ohne Souvenir: Sie suchen nach Hühnergöttern, wie die schwarz-weißen Feuersteine mit

AUSFLÜGE & TOUREN

Loch genannt werden, und nach Donnerkeilen, den Resten von ausgestorbenen, tintenfischähnlichen Kopffüßlern. Vor allem die Herbststürme spülen sie an Land. In den Wald zurückgekehrt, radeln Sie auf dem ausgeschilderten Weg durch **Ahrenshoop → S. 57** zum **Althäger Kliff**. Hier nagen Sturm und Meer unablässig, Jahr für Jahr holen sie sich mehr als einen halben Meter Gemergel, um ihn am Darßer Ort in der Nähe des Leuchtturms anzulanden. Gönnen Sie sich eine Pause an der Kante des 18 m hohen Kliffs, lassen Sie den Blick hinaus auf die grenzenlos erscheinende Weite der Ostsee schweifen, lauschen Sie dem Brausen des Meers und atmen Sie bewusst die reine, klare Luft. Zurückgeradelt zum nördlichen Ahrenshooper Ortseingang, weist ein Schild an der Hauptstraße den Weg nach rechts: **Born → S. 62** ist das nächste Ziel. Linker Hand des Wanderwegs dehnen sich saftige Wiesen aus, rechts verdeckt meist Schilfrohr den Blick auf den Saaler Bodden. In Born hält die **Informationsausstellung Nationalpark Vorpommersche Boddenlandschaft** (tgl. 10–16 Uhr | www.nationalparkvorpommersche-boddenlandschaft.de) auf kleinstem Raum Wissenswertes über den Nationalpark bereit. In dem Wäldchen um die kleine, unscheinbare Hütte an der Chausseestraße können Sie sich bei schönem Wetter zum Picknick niederlassen.

Von dem Dorf mit seinen bunten Kapitäns- und Fischerhäuschen radeln Sie weiter nach **Bliesenrade**, einem in den Bodden ragenden Haken. Im Schilfgürtel piepst und zwitschert es, Blaumeisen, Rohrweihen und Sumpfohreulen verstecken sich darin, Schmetterlinge setzen bunte Farbtupfer, und Insekten huschen über den Weg. Auf dem Wasser schnattern Enten, und wenige Meter entfernt stellt sich ein Graureiher zum Fotografieren in Position. Am Horizont leuchtet der rot aufragende Turm der Kirche von **Barth → S. 60**. Die verlandeten kleinen Wassertümpel werden im Frühjahr zur Konzertbühne, wenn Erdkröte, Wasserfrosch, Teich- und Kammmolch sich zum Konzert einfinden. Ein paradiesisches Fleckchen Erde. Auf der Deichkrone radeln Sie weiter nach **Wieck → S. 63**, wo im kleinen Hafen der Wind das rotbraune Segel eines Zeesboots bläht. Das Mitfahren müssen Sie jedoch auf ein andermal verschieben, denn es geht weiter. Vorbei an den Feuchtwiesengebieten **Schwinkelsmoor** und **Rethsegg** gelangen Sie zurück nach Prerow.

An schönen Tagen herrscht auch am Althäger Kliff Badebetrieb

SPORT & AKTIVITÄTEN

Urlaub an der Ostsee bedeutet aktiv sein. Faul am Strand liegen war früher, heute kommen viele Gäste sogar extra, um an der Küste von Mecklenburg und Vorpommern ihren Lieblingssport auszuüben.

Im Frühjahr und im Herbst sind das vorwiegend Angler und Golfer; Radler sind vom zeitigen Frühjahr bis zum späten Herbst unterwegs. Taucher wählen die warmen Sommermonate. Badegäste müssen sich jedoch nicht mehr auf den Sommer beschränken. Beheizte Schwimmbäder in Hotels und mehrere Erlebnisbäder laden das ganze Jahr über zum Schwimmen und Planschen ein. Neben erholsamen Strandspaziergängen sind auch geführte Naturwandertouren ein Erlebnis.

ANGELN

Die Ostseeküste von Mecklenburg-Vorpommern ist ein wahres Paradies für Angler. Dorsche, Hornfische, Heringe, Zander und Flundern werden in der Ostsee und in den Boddengewässern gefangen. Wer in der Zwölf-Meilen-Zone der Ostsee, den Haff- oder Boddengewässern angeln möchte, benötigt eine Angelgenehmigung. Für die ist wiederum ein Fischereischein notwendig. Touristen profitieren von dem bundesweit einzigartigen Angebot: dem **INSIDER TIPP** Touristenfischereischein. Den gibt es für 20 Euro. Er gilt bis zu 28 Tage und kann mehrmals im Jahr um weitere 28 Tage verlängert werden, was jeweils 13 Euro kostet. Erwerben kann den Touristenfi-

Angeln, Golfen, Reiten, Radeln: Vielfältig sind an der Ostseeküste die Angebote für aktive Urlauber

schereischein jeder, der älter als zehn Jahre ist. Genauere Infos erhalten Sie bei der jeweiligen Tourist-Information und unter *www.mv-maritim.de, www.angeln-in-mv.de*. In den Häfen Wismar, Timmendorf (auf Poel), Rostock-Warnemünde sowie Sassnitz, Breege und Gager laufen Kutter zu Hochseeangelfahrten aus. Zu den INSIDER TIPP besten Fanggründen im Peenestrom und Greifswalder Bodden führen die Angeltouren, die *Angeln exklusiv (Tel. 0170 3 33 97 47 | www.angeln-exklusiv.de)* anbietet.

BADEN

Die Ostsee wird selbst an heißen Hochsommertagen kaum wärmer als 18 Grad. Für viele zu wenig, um sich im Wasser wohlzufühlen. Aber etliche Hotels haben Schwimmbäder, die angenehm temperiert sind und gegen Gebühr oft auch Nicht-Hotelgästen offenstehen. Schwimmbäder mit Ostseewasser gibt es in Boltenhagen sowie Zinnowitz. Freizeitbäder mit Wellness- und Saunalandschaften und vielem mehr finden Sie in

Wismar, Stralsund, Ribnitz-Damgarten, Sellin, Neddesitz-Sargard, Greifswald und Ahlbeck.

GOLF

Auch im Osten Deutschlands wird gegolft. Die Anlagen haben oft einen 18-Loch-Platz, immer jedoch Neun- oder Sechs-Loch-Kurzplätze und Drivingranges sowie meist eine Golfschule. Die Anlagen liegen eingebettet in reizvolle ursprüngliche Landschaften, oft mit Meeresblick. Beispielsweise in Hohen Wieschendorf, Wittenbeck, Warnemünde, in Neuhof bei Ribnitz-Damgarten, in Stralsund, Greifswald, in Karnin auf der Insel Rügen, in Korswandt und Balm auf der Insel Usedom. *Ausführliche Infos unter www.auf-nach-mv.de* und *www.golfverband-mv.de.*

INLINESKATEN

Skater finden ideale Bedingungen auf den unzähligen asphaltierten Radwegen. Aber auch die Kronen der Deiche auf dem Darß, Zingst und auf Usedom bieten sich dafür an.

RADFAHREN

Die flache Küstenregion ist bei Radlern beliebt, vielfach ist das Rad sogar ein Muss, weil manche Ziele nur so zu erreichen sind – z. B. auf der autofreien Insel Hiddensee. Das Radwegenetz wurde erheblich ausgebaut, acht Fernradwege führen in andere Regionen. So verbindet der 630 km lange Europäische Radweg Berlin–Kopenhagen die Küste von Mecklenburg-Vorpommern mit der dänischen und der deutschen Hauptstadt.

Nicht nur auf der Ostsee, auch auf den Boddengewässern wird gesegelt

SPORT & AKTIVITÄTEN

Eine perfekte Alternative bei längeren Touren, Hügeln oder einer steifen Brise: die umweltfreundlichen E-Bikes, die sich steigender Beliebtheit erfreuen. Inzwischen gibt es in Mecklenburg-Vorpommern zahlreiche Ausleih- und Ladestationen, auch Angebote für E-Bike-Touren: *www.auf-nach-mv.de, www.movelo-mv.de.* Ideal für eine größere Tour und eine Wohltat für müde Beine: die *Radzfatz-Busse (www.rpnv.de),* die mit Fahrradanhänger für 16 Fahrräder während der Sommermonate über die Insel Rügen fahren.

Räder können Sie in fast allen Ferienorten mieten, auch viele Hotels halten Fahrräder für ihre Gäste bereit. Komfort-Radwandertouren mit Gepäckservice: *Die Mecklenburger Radtour (Zunftstr. 4 | Stralsund | Tel. 03831 28 02 20 | www.mecklenburgerradtour.de).*

REITEN

Die flache, dünn besiedelte Küstenregion ist ein ideales Pferdeland. Viele hundert Kilometer erstrecken sich Reitwege in berauschender abwechslungsreicher Natur. Immer mehr Gäste verbringen ihre Ferien auf den modern ausgestatteten Reiterhöfen. Reithallen machen das sportliche Vergnügen wetterunabhängig. Einen Kremser oder eine Kutsche zu mieten ist mittlerweile ebenso unkompliziert wie eine Taxibestellung. Angebote für Reiturlaub auf *www.reiten-in-mv.de.*

TAUCHEN

Wer alles sehen möchte, was die Ostsee an Schönem bietet, der muss sich unter die Wasseroberfläche begeben. Dort können Sie Fische, Krabben und Quallen beobachten, aber auch Muschelbänke und Seegraswiesen. Die Sicht beträgt jedoch selten mehr als 5 m. Saison ist von Mai bis September. Informationen bei den regionalen Tourismusverbänden *(www.mv-maritim.de).*

WANDERN

Auch Untrainierte marschieren an der Küste gern los, denn die Hügel stellen keine besondere sportliche Herausforderung dar. Viele Kurverwaltungen bieten organisierte Wanderungen an. Besonders erlebnisreich sind die **INSIDER TIPP** *Touren mit einem Nationalparkranger,* auf denen man unter fachkundiger Leitung seltene Vögel sehen kann. *Auskunft: Nationalpark Vorpommersche Boddenlandschaft (Tel. 038234 50 20 | www.nationalpark-vorpommersche-boddenlandschaft.de); Nationalpark Jasmund (Tel. 038392 3 50 11 22 | www.nationalpark-jasmund.de).*

WASSERSPORT

An der Küste können Sie surfen, rudern, segeln und mit Motorbooten fahren. Surfer sind begeistert von der Wismarer Bucht, dem Salzhaff bei Rerik, dem Thiessower Haken, der Insel Ummanz (beide Rügen) sowie der Pommerschen Bucht vor der Küste der Kaiserbäder Usedoms. Auch die Segler schwärmen von den unterschiedlichen Bedingungen, die die Ostsee und die vergleichsweise ruhigen Boddengewässer bieten. In fast allen Ostseebädern gibt es Ruder-, Paddel- und Segelbootverleih. Surf- und Segelschulen haben Kurse für Anfänger und Fortgeschrittene im Programm. Nähere Auskünfte bekommen Sie bei den regionalen Tourismusverbänden oder den Touristinformationen *(www.mv-maritim.de).* Hausboote kann man in der Citymarina in Stralsund chartern: *Kuhnle Tours (Seestr. 14a | Tel. 03831 44 49 78 | www.kuhnle-tours.de).*

MIT KINDERN UNTERWEGS

Im Sand buddeln kann mit der Zeit langweilig werden, und auch ein Abenteuerspielplatz verliert nach und nach seinen Reiz. Wenn dann noch das Wetter die Urlaubsplanungen durchkreuzt, werden selbst die liebsten Kleinen quengelig. Doch zum Glück gibt es an der Küste viele Attraktionen, deren Besuch (auch) Kindern Spaß macht.

WISMAR UND DIE WISMARBUCHT

POELER PIRATENLAND
(123 E2) (*E6*)

Pirat Pitje lädt ein: Spiel und Spaß auf dem 800 m² großen Indoor-Spielplatz. Hier dürfen die Kids nach Herzenslust toben, springen, rutschen und hüpfen. Zu den Attraktionen gehören der Kletterturm mit einer 8 m hohen Spiralrutsche, Kartbahn, Trampolin und Ballschussarena. Für die ganz Kleinen gibt es einen Extra-Spielbereich. *Mai, Juni, Sept./Okt. tgl. 10–19, Juli/Aug. tgl. 10–20, Nov.–April Di–So 12–18 Uhr, Ferien Mecklenburg-Vorpommern tgl. 11–19 Uhr | Erw. 3,50, Kinder 6,50, Familien 17,90 Euro | Am Schwarzen Busch | www.poeler-piratenland.de*

ROSTOCK UND UMGEBUNG

LANDSCHULMUSEUM GÖLDENITZ
(125 E5) (*F4*)

Einst klapperten in dem Haus die Kinder der Tagelöhner und Landarbeiter mit ihren Holzpantinen, „Pantoffelgymnasi-

Bild: An der Küste bei Ahrenshoop

Museumsrallyes und Meeresgetier: Spaß und Spannung für kleine Urlauber zwischen Wismar und Usedom

um" wurden die Dorfschulen deshalb scherzhaft genannt. In dem einzigen Klassenraum unterrichtete der Lehrer Abc-Schützen und die Schüler der oberen Klassen gemeinsam. Interessant ist ein Blick in die Ausstellung „Nachdenken über Schule 1945 bis 1989", die über das Schul- und Familienleben sowie die außerunterrichtlichen Aktivitäten in der Nachkriegszeit und in der DDR informiert.
Großen und kleinen Besuchern bereitet das „Nachsitzen" gleichermaßen Freude,

eine INSIDER TIPP historische Schulstunde im Klassenzimmer um 1900 *(nach Voranmeldung, Tel. 038208 2 64). April–Dez. Di, Do, Sa 9–17, Mai–Okt. zusätzlich Mi, Fr 9–14 Uhr | Eintritt Erw. 3, Kinder 1 Euro | Göldenitz | www.aufdertenne.de*

ZOO ROSTOCK (125 E3) (*G5*)
Welches Kind liebt es nicht, Tiere aus nächster Nähe anzusehen und mehr über sie zu erfahren? Im größten Zoo an der deutschen Ostseeküste leben rund 1700 Tiere aus 400 Arten. Einige da-

von im Streichelgehege, wo zum Entzücken der jüngsten Zoobesucher Anfassen und Füttern ausdrücklich erlaubt ist. Die geduldigen Lamas und Zwergziegen warten regelrecht darauf, geknuddelt zu werden und einige Leckerbissen abzubekommen. Das ganze Jahr über sind im Zoo auch putzige Tierkinder zu erleben, für die Patenschaften übernommen werden können. Ein besonderes Erlebnis sind die Schaufütterungen: Bei den Seebären, einer Robbenart, um 11 und 14 Uhr, den Fischottern um 15 Uhr, und die Elefanten stillen um 15.30 Uhr ihren Hunger. 2012 öffnete das *Darwineum,* das die Evolutionsgeschichte erlebbar macht. In der Tropenhalle sind Gorillas und Orang-Utans zu Hause. *Tgl. April–Okt. 9–19, Nov.–März 9–18 Uhr | Eintritt Erw. 16, Kinder 8, Familien 45 Euro | Eingänge: Barnstorfer Ring und Trotzenburg | www.zoo-rostock.de*

FISCHLAND, DARSS, ZINGST

VOGELPARK MARLOW
(126 B4) (*K5*)
Vom heimischen Storch bis zum afrikanischen Strauß sind etwa 150 Vogelarten in naturnahen Lebensräumen zu bewundern. Adler, Falken und Eulen zeigen im Freiflug ihre Künste. Wie die Pinguine tauchen, können Sie durch eine große Glasfront beobachten, die Anlage der farbenprächtigen australischen Papageien dürfen Sie betreten. Im Streichelzoo gibt es Kaninchen, Ziegen, Schafe und Hühner. Spannend sind die INSIDER TIPP **geführten Touren bei Vollmond**. An drei Terminen im Sommer wandern die Besucher in der Dämmerung durch den Park, den Abschluss bilden die Uhu-Flugshow und eine gemütliche Runde am Lagerfeuer *(Termine unter Tel. 038221 2 65)*. Mit-

Barock trifft Antike im Rügen Park: Schloss Moritzburg vor dem Leuchtturm von Alexandria

MIT KINDERN UNTERWEGS

te März–Okt. tgl. 9–19, Nov.–Mitte März tgl. 10–16 Uhr | Eintritt Erw. 10, Kinder 5, Familien 26 Euro, im Winterhalbjahr halber Preis | Kölzower Chaussee 1 | Marlow | www.vogelpark-marlow.de

RÜGEN, HIDDENSEE, STRALSUND

OZEANEUM (127 E3) (*M3*)
Spielerisch entdecken die Kids das Meer und seine Bewohner im *Meer für Kinder*. In kleinen Schaubecken sind Garnelen, Stichlinge oder Plattfische zu entdecken, und wer sagt, dass Fische stumm sind? An der Hörstation „sprechen" Seepferdchen, Anemonenfisch und Languste. Der Erlebnistunnel entführt die Kleinen in die Tiefsee, wo es faszinierendes Leben zu entdecken gibt. Die Lieblinge der Kinder: die auf der Dachterrasse lebenden Pinguine. Durch eine Glasscheibe sind sie zu beobachten, auch wenn sie täglich um 11.30 Uhr ihr Futter bekommen. Auf der eigenen INSIDERTIPP Kinderwebsite www.kindermeer.de nimmt Walfred, der kleine Schweinswal, die Kinder mit durch ein buntes Kaleidoskop aus Spielen, Ideen und Wissenswertem. *Juni–Mitte Sept. tgl. 9.30–21, Mitte Sept.–Mai tgl. 9.30–19 Uhr | Eintritt Erw. 16, Kinder 7, Familien ab 39 Euro | Hafenstr. 1 | Stralsund | www.ozeaneum.de*

RÜGEN PARK GINGST (128 B3) (*N2*)
Eine Weltreise in 20 Minuten? Das ist auf Rügen möglich. Die Kleinbahn „Emma" rollt zu weltberühmten Bauwerken, u. a. der Freiheitsstatue von New York, der Cheopspyramide von Gizeh und dem Hamburger Michel. Dazu gibt es fachkundige Erklärungen. Rügen von oben betrachten können Sie von Aussichtsplattformen. Wie im Original ist die 100 x 60 m große Miniaturinsel von Wasser umgeben. Außerdem: Riesenrutsche, Pferdereitbahn, Hüpfberg und Wildwasserrondell. *April–Juni Di–So 10–18, Juli/Aug. tgl. 10–19, Sept./Okt. Di–So 10–17 Uhr | Eintritt Erw. 8,90, Kinder nach Größe 1,50–6,90 Euro | Gingst | www.ruegenpark.de*

Abkühlung im Rostocker Brunnen der Lebensfreude

USEDOM UND GREIFSWALD

PHÄNOMENTA ● (130 C1) (*P5*)
Durch einen Paukenschlag wird eine Kerze gelöscht, mit einem kleinen Magneten lässt sich eine große Tonne in Schwung bringen, und in die überdimensionale Seifenblase darf man hineinklettern. Ganz Mutige testen im Astronautentrainer, ob sie fit sind für einen Weltraumflug. Alles, was hier steht, soll angefasst werden, um spielend und oft staunend physikalischen Gesetzen auf den Grund zu gehen, was für Kinder und Erwachsene gleichermaßen interessant ist. *Mitte März–Okt. tgl. 10–18, Weihnachts- u. Winterferien tgl. 10–16 Uhr | Eintritt Erw. 7, Kinder 5 Euro | Museumsstr. 12 | Peenemünde | www.phaenomenta-peenemuende.de*

EVENTS, FESTE & MEHR

Vor allem in der warmen Jahreszeit ist an der Ostseeküste immer und überall etwas los. Strand-, Fischer- und Neptunfeste wechseln sich ab. Einige Veranstaltungen haben Tradition, wie das Tonnenabschlagen auf der Halbinselkette Fischland, Darß, Zingst. Andere, z. B. Musikfestivals, sind inzwischen sogar von überregionaler Bedeutung.

FEIERTAGE

1. Jan. Neujahr; **Karfreitag; Ostermontag; 1. Mai** Tag der Arbeit; **Himmelfahrt; Pfingstmontag; 3. Okt.** Tag der Deutschen Einheit; **31. Okt.** Reformationstag; **25. und 26. Dez.** Weihnachten

VERANSTALTUNGEN

FRÜHJAHR UND HERBST

▶ *Usedom Baltic Fashion:* die große Oper der Modepräsentation. Im April und im Oktober zeigen namhafte Designer und Modehäuser ihre Kollektionen im Forum Usedom, Heringsdorf. *Tel. 038378 2 44 16 | www.baltic-fashion-award.de*

PFINGSTEN

▶ ● *Kunst offen:* Rund 500 Künstler in ganz Mecklenburg-Vorpommern öffnen die Ateliers, zeigen ihre Arbeiten und plaudern mit den Gästen bei Kaffee und Tee. *www.kunst-offen.com*

JUNI BIS SEPTEMBER

▶ *Tonnenabschlagen:* Reiter versuchen, von einer hängenden Holztonne mit einem Knüppel ein Stück abzuschlagen. Der auf der Halbinselkette Fischland, Darß, Zingst gepflegte Brauch geht auf die schwedische Besatzungszeit zurück. Als damals die letzte Tonne Fisch als Steuerzahlung abgeliefert war, zerschlugen die Fischer aus Freude darüber bunt geschmückte Heringsfässer. *Tel. 038324 64 00 | www.fischland-darss-zingst.de*

▶ ★ ● *Festspiele Mecklenburg-Vorpommern:* Rund hundert Konzerte werden beim größten Musikfestival Mecklenburg-Vorpommerns von internationalen Stars und der jungen Elite an ungewöhnlichen Spielorten, etwa einem Landgestüt, aufgeführt. *Tel. 0385 5 91 85 85 | www.festspiele-mv.de*

▶ *Störtebeker-Festspiele:* Klaus Störtebeker, der Robin Hood der Ostsee, stürzt sich Jahr für Jahr auf der Freilichtbühne am Großen Jasmunder Bodden in Ralswiek auf Rügen in spannende Abenteuer. 120 Darsteller, 20 Pferde, zahlreiche Wagen, vier Schiffe, Action-Stunts

Tradition trifft Moderne: Die Region hat hochkarätige musikalische, sportliche und volkstümliche Feste zu bieten

und ein Feuerwerk am Ende lassen die Aufführung zum Erlebnis werden. *Mo–Sa 20 Uhr | Tel. 03838 31100 | www.stoertebeker.de*

JULI
▶ *Warnemünder Woche:* das bedeutendste Segelsportereignis der Region, eine Woche lang in der ersten Julihälfte. *www.warnemuender-woche.de*
Traditionell findet in Warnemünde am ersten Juliwochenende der ▶ INSIDERTIPP *Umgang* (Umzug in historischen Kostümen) statt. Ein Riesenspaß ist das ▶ *Waschzuberrennen*. *www.warnemuende.de*
▶ *Sundschwimmen:* Etwa tausend Schwimmer beteiligen sich an dem bedeutendsten deutschen Langstreckenschwimmen, das über 2,3 km von Altefähr auf Rügen nach Stralsund geht. Das Kinderschwimmen endet nach 1,1 km.
▶ *Wallensteintage:* Das Historienspektakel an einem Wochenende um den 24. Juli in der City von Stralsund mit Söldnern und Kanonieren, Händlern, Musikanten und Gauklern erinnert an 1638, als Feldherr Wallenstein die ergebnislose Belagerung Stralsunds beendete.

AUGUST
▶ ⭐ *Hanse Sail Rostock:* Imposante Windjammer, Traditionssegler und Museumsschiffe geben sich vier Tage lang in der ersten Augusthälfte ein Stelldichein. Das große maritime Fest zieht jährlich bis zu 1 Mio. Besucher an. *Tel. 0381 2 08 52 33 | www.HanseSail.com*
▶ *Zappanale:* viertägige Mammutparty in Bad Doberan. Tausende von Rockfans huldigen Mitte des Monats der Musik des legendären Frank Zappa. *www.zappanale.de*

DEZEMBER
▶ *Rostocker Weihnachtsmarkt:* Mit mehr als 200 Schaustellern und Händlern sowie einer 2,5 km langen Marktbebauung ist er der größte Weihnachtsmarkt ganz Norddeutschlands.

LINKS, BLOGS, APPS & MORE

LINKS

▶ www.papileo.de Der Maler Lyonel Feininger liebte die Insel Usedom, immer wieder malte er, auch in späteren Jahren, Motive der Insel. Gehen Sie auf Entdeckungstour und lernen Sie die originalen Malstandorte kennen, entweder per Mausklick oder noch besser: Begeben Sie sich per Rad auf die Feininger-Tour!

▶ www.leuchtturm-atlas.de Leuchttürme gehören zum Norden wie Sonne und Wasser. Auf dieser Seite sind detaillierte Infos zu den Meereswegweisern entlang der Ostseeküste zu finden

▶ www.treffpunkt-ostsee.de Die sehr übersichtlich gestaltete Website liefert umfangreiche Infos zu den Orten an der Ostseeküste: Wissens- und Sehenswertes, Traditionelles und eine kleine Auswahl an Rezepten

▶ www.marcopolo.de/ostseekuestemv Alles auf einen Blick zu Ihrem Reiseziel: interaktive Karten inklusive Planungsfunktion, Impressionen aus der Community, aktuelle News und Angebote …

VIDEOS

▶ short.travel/omv1 Die 26-minütige Spezialausgabe der Deutsche-Welle-Sendereihe „Hin und weg" umfasst mehrere Beiträge der Deutschen Welle über die Ostseeküste Mecklenburg-Vorpommerns – u. a. über die Backsteingotik, Warnemünde, Wismar, die Kaiserbäder auf Usedom und die Insel Rügen

▶ short.travel/omv2 Das gut siebenminütige Video zeigt den Darßer Weststrand zu verschiedenen Jahreszeiten und veranschaulicht eindrucksvoll, wie die Naturgewalten das Gesicht des Landstrichs kontinuierlich verändern

▶ www.mv-tourist.tv Videoportal des Tourismusverbands Mecklenburg-Vorpommerns, das tagesaktuell in Form von kleinen Filmbeiträgen über Geschichte, Sehenswürdigkeiten, News, Veranstaltungen und alles, was Urlauber in den Ferienregionen des nordöstlichsten deutschen Bundeslands noch interessiert, informiert

Egal, ob Sie sich vorbereiten auf Ihre Reise oder vor Ort sind: Mit diesen Adressen finden Sie noch mehr Informationen, Videos und Netzwerke, die Ihren Urlaub bereichern. Da manche Adressen extrem lang sind, führt Sie der kürzere short.travel-Code direkt auf die beschriebenen Websites

BLOGS & FOREN

▶ www.usedomspotter.de Der private Blog hält Schönes und weniger Schönes und alles, was dem Usedomer sonst noch auf der Insel auffällt, fest

▶ www.ostsee.blogspot.com Nachrichten aus dem Nordosten: vielfältige Themen von Politik bis Tourismus, News, Veranstaltungen, Fotos. Zum Mitmachen gedacht

▶ www.ruegenferien.blogspot.com Rügen ist zu jeder Jahreszeit schön: Lassen Sie sich verführen von Einheimischen, die über ihre Insel berichten. Mitbloggen ist ausdrücklich erwünscht

APPS

▶ MARCO POLO Travelguide-App Ostseeküste Mecklenburg-Vorpommern Die Smartphone-App leitet auch ohne Internetverbindung, Printführer und Atlas zuverlässig durch die Region

▶ Ostsee-App Einen Überblick über touristische Angebote, Sehenswürdigkeiten, Kultur, Gastronomie und Übernachten, Einkaufstipps und Freizeitmöglichkeiten in der Region gibt diese Gratis-App

▶ Rügen Die kostenfreie App der Tourismuszentrale Rügen hält alles Wissenswerte über die Insel bereit: von Sehenswürdigkeiten bis zu Fahrplänen

▶ Wellness pur Wellnessurlaub nach Wunsch ermöglicht die Gratis-App des Tourismusverbands Mecklenburg-Vorpommern. Sie unterstützt Erholungsbedürftige bei der Urlaubsplanung – von der Wahl des Ferienorts bis zur Buchung

NETWORK

▶ www.facebook.com/sonneninsel.usedom Wenn Ihnen gefällt, was Sie auf der Seite erfahren, machen Sie mit und verfolgen Sie die Kurznachrichten von Usedom-Tourismus, um immer up to date zu sein

▶ twitter.com/myMV_de Immer auf dem Laufenden sein und in Echtzeit verfolgen, welche Urlaubstipps für Mecklenburg-Vorpommern gezwitschert werden

▶ www.facebook.com/mymv.de News, Infos, Fotos, Kommentare und Videos der Community-Mitglieder rund um den Mecklenburg-Vorpommern-Urlaub

PRAKTISCHE HINWEISE

ANREISE

🚗 Die 2009 fertiggestellte Küstenautobahn A 20 erleichtert das Reisen entlang der Ostseeküste Mecklenburg-Vorpommerns wesentlich.

🚆 Bahnreisende, die aus Richtung Berlin kommen, fahren mit dem Regionalexpress von Berlin über Schwerin nach Wismar oder nach Rostock. Ist Rügen das Ziel, geht die Fahrt immer über Stralsund *(www.bahn.de)*. Wer aus Richtung Süden nach Usedom möchte, verlässt den RE Berlin–Stralsund in Züssow und fährt mit der Usedomer Bäderbahn weiter. Aus Norden und Westen Anreisende steigen dagegen in Stralsund in die Usedomer Bäderbahn *(www.ubb-online.com)*.

✈️ Die nächsten internationalen Flughäfen befinden sich in Berlin *(www.berlin-airport.de)* und Hamburg *(www.flughafen-hamburg.de)*.

Flugverbindungen zu den Regionalflughäfen Rostock *(Tel. 01805 00 77 37 (*) | www.rostock-airport.de)* und Heringsdorf auf Usedom *(Tel. 038376 25 00 | www.flughafen-heringsdorf.de)* sollten Sie aktuell erfragen.

AUSKUNFT

Die Touristinformationen und Kurverwaltungen erteilen Auskunft und versenden kostenlos Prospektmaterial, meist jedoch verbunden mit der Bitte, einen Unkostenbeitrag zu leisten (ca. 3 Euro). Allgemeine Infos, z. T. auch Buchungen bei:

AUSKUNFT UND TOURISTISCHER BUCHUNGSSERVICE MECKLENBURG-VORPOMMERN
Platz der Freundschaft 1 | 18059 Rostock | Tel. 0381 4 03 05 00 | www.auf-nach-mv.de

BADEWASSERQUALITÄT

Die Wasserqualität an den Badestellen der Ostseeküste von Mecklenburg-Vorpommern ist seit Jahren überwiegend gut bis sehr gut. Vom 1. Mai bis zum 10. September werden alle vier Wochen durch die zuständigen Gesundheitsämter Proben entnommen. Das Ministerium für Soziales und Gesundheit *(www.sozial-mv.de)* veröffentlicht jedes Jahr eine interaktive Badegewässerkarte, auf der Beschreibungen der Badegewässer, die Qualität sowie aktuelle Nachrichten und Warnungen veröffentlicht sind.

GRÜN & FAIR REISEN

Auf Reisen können auch Sie mit einfachen Mitteln viel bewirken. Behalten Sie nicht nur die CO_2-Bilanz für Hin- und Rückflug im Hinterkopf *(www.atmosfair.de)*, sondern achten und schützen Sie auch nachhaltig Natur und Kultur im Reiseland *(www.gate-tourismus.de; www.zukunft-reisen.de; www.ecotrans.de)*. Gerade als Tourist ist es wichtig, auf Aspekte zu achten wie Naturschutz *(www.nabu.de; www.wwf.de)*, regionale Produkte, Fahrradfahren (statt Autofahren), Wassersparen und vieles mehr. Wenn Sie mehr über ökologischen Tourismus erfahren wollen: europaweit *www.oete.de*; weltweit *www.germanwatch.org*

Von Anreise bis Zeitungen

Urlaub von Anfang bis Ende: die wichtigsten Adressen und Informationen für Ihre Ostseereise

FÄHRVERKEHR

Nach *Hiddensee* fahren Personenfähren von *Schaprode (Insel Rügen),* im Sommer auch von *Stralsund, Zingst,* von *Wiek* und *Breege* auf Rügen. In Schaprode gibt es reichlich bewachte Parkplätze. *Tel. Auskunft Reederei Hiddensee (Infotel. 03831 2 68 10 | www.reederei-Hiddensee.de).* Die *Wittower Autofähre (tgl. ab 5.50, Mai–Aug. bis 21, April, Sept./Okt. bis 20, Nov.–März bis 19 Uhr | Tel. 0172 7 52 68 38)* verbindet die Halbinsel *Wittow* mit Zentralrügen.

GESUNDHEIT

Wo sich der nächste Arzt oder das nächste Krankenhaus befindet, weiß man in den Tourist-Informationen. Auch die Rezeptionen der Hotels oder Campingplätze helfen weiter. Die lokalen Zeitungen veröffentlichen die Adressen von Ärzten, die außerhalb der Sprechstunden dienstbereit sind. Apotheken sind in fast allen Kleinstädten vorhanden.

INTERNET

Interessante Websites: *www.mecklenburg-vorpommern.eu* (alles über das Bundesland), *www.auf-nach-mv.de* (offizielle Website des Landestourismusverbands), *www.mv-tut-gut.de* (Gesundheit, Ernährung, Tourismus, Kultur, Wissenschaft), *www.mcpom.de* (Jugendtourismus), *www.spielstrand.de* (Website für Kinder), *strassenbauverwaltung.mvnet.de* (Straßenverkehrsinformationen Baustellen, Staugefahr, Umleitungen etc.), *www.erlebnistour-mv.de* (aktuelle Urlaubsangebote für die Ostseeküste), *www.mvtermine.de* (Veranstaltungskalender des Bundeslands), *www.mv-wetter.info* (aktuelles Wetter mit Biowetter, Wetterwarnungen, Pollenflug und Hinweisen für Wassersportler), *www.wunderbare-wellnesswelten.de* (Wellness-, Beauty- und Urlaubsangebote), *www.sozial-mv.de* (Wasserqualität an der Küste von Mecklenburg-Vorpommern), *www.landurlaub.m-vp.de* (Hotels, Pensionen und Ferienhäuser auf dem Lande).

KIRCHEN

Evangelische Kirchen – und das sind die meisten in Mecklenburg-Vorpommern – haben ihre Türen fast immer nur zu den Gottesdiensten geöffnet. In den großen Städten wie Wismar, Rostock, Stralsund und Greifswald, in touristisch geprägten Orten wie in Prerow auf dem Darß und in Benz auf Usedom sowie dort, wo eine Turmbesteigung möglich ist, stehen die

WAS KOSTET WIE VIEL?

Kurtaxe	Max. 2,60 Euro *pro Tag in der Hauptsaison*
Strandkorb	Max. 9 Euro *pro Tag*
Schiff	Ca. 9 Euro *für eine Hafenrundfahrt*
Fahrrad	8–10 Euro *Miete pro Tag*
Kaffee	Ca. 3–4 Euro *für ein Kännchen*
Bier	2 Euro *für 0,3 l vom Fass*

Türen in den Sommermonaten offen. Sonst ist man im Pfarramt fast immer bereit, Ihnen die Kirche für eine Besichtigung aufzuschließen.

KURTAXE

Kurtaxe wird in allen Badeorten erhoben. Kassiert wird bei der Anmeldung in der Unterkunft. Tagesbesucher müssen am Strand vielerorts eine Tageskurkarte lösen.

MIETWAGEN

Wer nicht mit dem eigenen Pkw anreist, muss während des Urlaubs nicht auf einen fahrbaren Untersatz verzichten – die großen Autovermieter sind an der Ostseeküste Mecklenburg-Vorpommerns mit zahlreichen Filialen vertreten: Avis in Rostock, Ribnitz-Damgarten, Stralsund *(Tel. 01805 21 77 02 (*) | www.Avis.de)*; Hertz in Zirchow, Rostock, Stralsund *(Tel. 01805 33 35 35 (*) | www.Hertz.de)*; Holiday Autos in Wismar, Ribnitz-Damgarten, Stralsund, Rostock, Bansin, Zirchow, Greifswald *(Tel. 089 17 92 30 02 | www.holidayautos.de)*; Sixt in Wismar, Rostock, Stralsund, Binz, Greifswald, Bansin, Zirchow *(Tel. 01805 25 25 25 (*) | www.sixt.de)*; Europcar in Rostock, Wismar, Stralsund, Binz, Zirchow *(Tel. 01805 80 00 (*) | www.europcar.de)*.

NOTRUFE

Polizei Tel. 110
Feuerwehr, Notarzt Tel. 112

WETTER IN GREIFSWALD

	Jan.	Feb.	März	April	Mai	Juni	Juli	Aug.	Sept.	Okt.	Nov.	Dez.
Tagestemperaturen in °C	2	2	6	10	16	20	21	21	18	13	7	3
Nachttemperaturen in °C	-3	-3	-1	3	7	11	13	13	10	6	2	-1
Sonnenschein Stunden/Tag	2	3	4	6	8	9	8	7	6	4	2	1
Niederschlag Tage/Monat	9	8	8	8	9	9	10	9	9	9	9	10
Wassertemperaturen in °C	3	2	3	5	9	13	17	17	15	12	8	5

PRAKTISCHE HINWEISE

ÖFFNUNGSZEITEN

Viele Restaurants passen ihre Öffnungszeiten dem Gästeaufkommen an. Es kann also, auch bei den Ruhetagen, Veränderungen geben. Wer nicht vor verschlossener Tür stehen möchte, sollte sich deshalb vorher telefonisch erkundigen. In der kalten Jahreszeit schließen auch Hotels oftmals mehrere Wochen. Die Ladenöffnungszeiten sind Mo–Fr freigegeben, Sa darf bis 22 Uhr geöffnet werden. In den Ferienorten gilt die Bäderregelung: Vom letzten Sonntag im März bis Oktober darf sonntags von 13 bis 18 Uhr geöffnet werden, mit Ausnahme der kirchlichen Feiertage.

PARKEN

Da die Seebäder sich zu einer Zeit entwickelten, als man noch nicht mit dem PKW anreiste, sieht es mit Parkmöglichkeiten oft nicht günstig aus. Parkhäuser sind in den kleineren Orten nicht vorhanden, doch die Hotels verfügen fast alle über eigene Parkplätze.

PREISE

In den Ostseebädern, vor allem in Strandnähe, und in den Zentren der Hansestädte ist fast alles teurer als im Hinterland. Fragen Sie nach günstigen Angeboten, z. B. nach Familienkarten für Freizeitbäder und Museen. Größere Hotels bieten bei Online-Buchungen tagesaktuelle Raten, die sich an der Auslastung orientieren. Auch bei Pauschalangeboten für mehrere Tage kann man kräftig gespart werden. Von Ende Oktober bis vor Weihnachten und von Januar bis Mitte April kann man im Rahmen der Aktion „Kurzurlaub mit Langzeitwirkung" in ausgewählten Drei- und Vier-Sterne-Hotels im Vergleich zur Hauptsaison bis zu 50 Prozent sparen.

Bei Sonnenschein stets geöffnet: Caféterrasse in Zinnowitz

Die teuersten Eintrittspreise – und das mit großem Abstand – mit jeweils 16 Euro haben das Ozeaneum in Stralsund und der Rostocker Zoo mit dem Darwineum, gefolgt vom Stralsunder Meeresmuseum mit 9 Euro. In den Heimatmuseen zahlen Sie meist zwischen 2 und 5 Euro.

ZEITUNGEN

An der gesamten Ostseeküste von Mecklenburg-Vorpommern wird die „Ostsee-Zeitung" *(www.ostsee-zeitung.de)* gelesen, auf Usedom auch der „Nordkurier" *(www.nordkurier.de)*. Monatlich erscheint der „Kulturkalender – unterwegs in Mecklenburg-Vorpommern" *(www.kulturkalender-mv.de)* und viermal im Jahr das „Küstenjournal", das Urlaubermagazin für die Region Fischland, Darß, Zingst *(www.kuestenjournal.de)*.

EIGENE NOTIZEN

MARCO ✦ POLO

Unser Urlaub

Web • Apps • eBooks

Die smarte Art zu reisen

Jetzt informieren unter:

www.marcopolo.de/digital

**Individuelle Reiseplanung,
interaktive Karten, Insider-Tipps.
Immer, überall, aktuell.**

REISEATLAS

Die grüne Linie ▬▬ zeichnet den Verlauf der Ausflüge & Touren nach
Die blaue Linie ▬▬ zeichnet den Verlauf der Perfekten Route nach

Der Gesamtverlauf aller Touren ist auch in der herausnehmbaren Faltkarte eingetragen

Bild: Allee auf Rügen

Unterwegs an der Ostseeküste

Die Seiteneinteilung für den Reiseatlas finden Sie auf dem hinteren Umschlag dieses Reiseführers

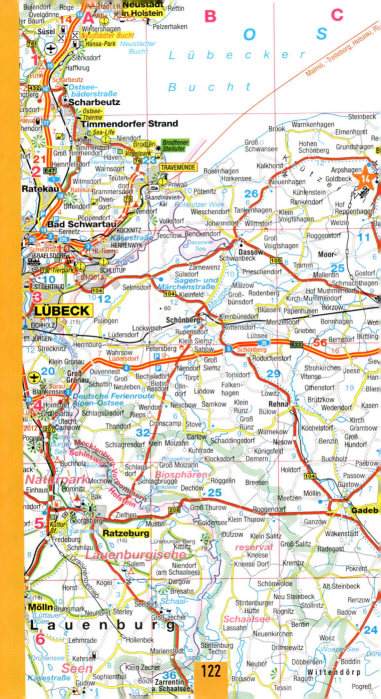

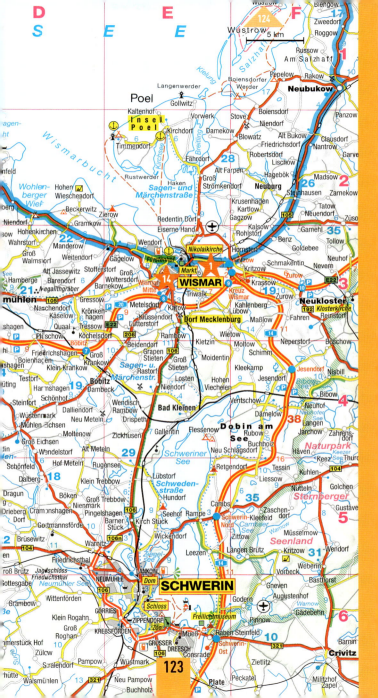

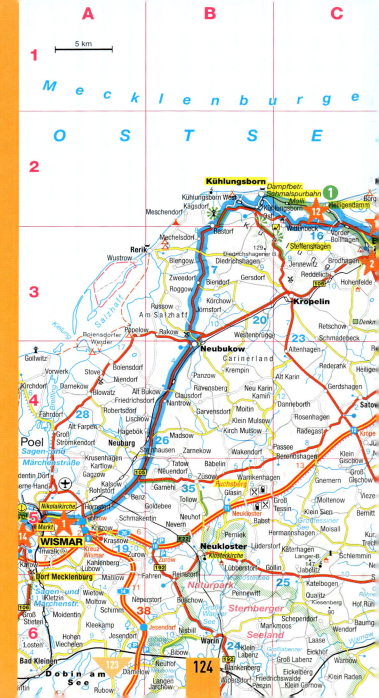

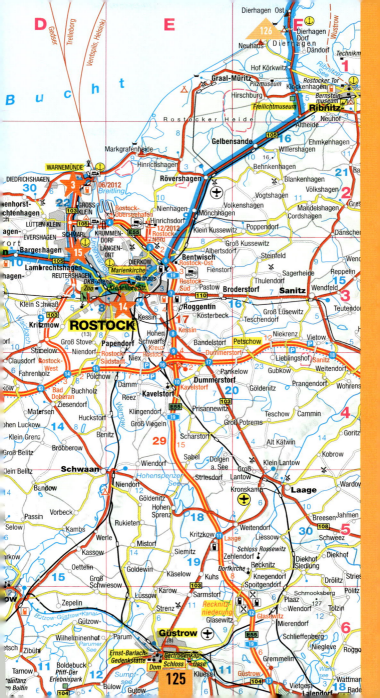

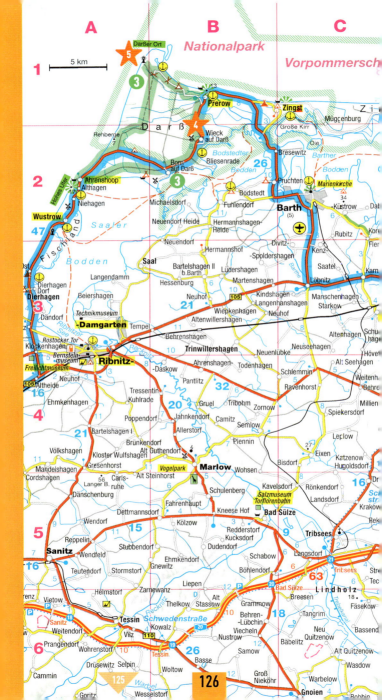

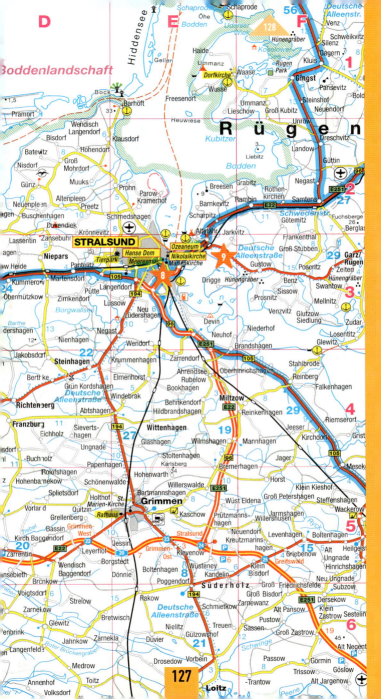

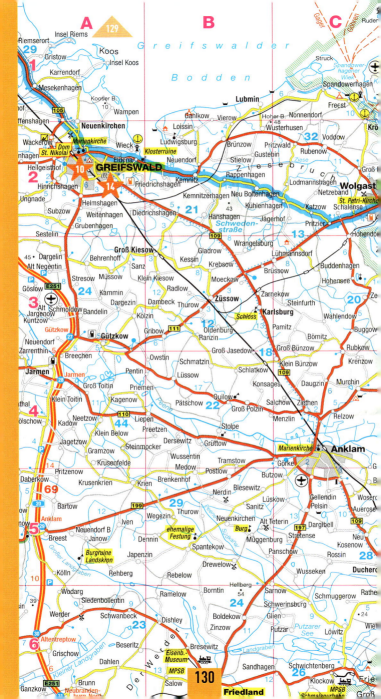

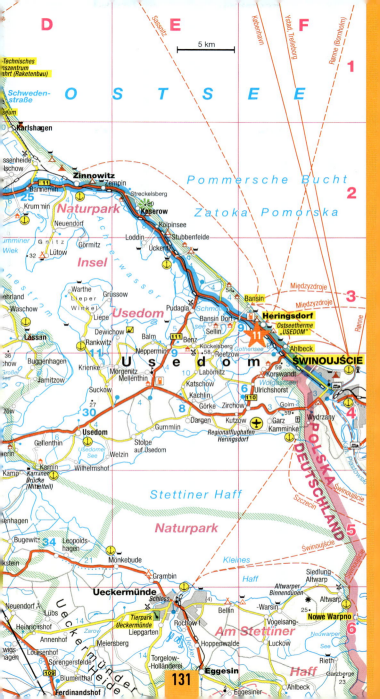

KARTENLEGENDE

Autobahn mit Anschlussstelle und Anschlussnummer		Motorway with junction and junction number
Autobahn in Bau mit voraussichtlichem Fertigstellungsdatum		Motorway under construction with expected date of opening
Rasthaus mit Übernachtung · Raststätte		Hotel, motel · Restaurant
Kiosk · Tankstelle		Snackbar · Filling-station
Autohof · Parkplatz mit WC		Truckstop · Parking place with WC
Autobahn-Gebührenstelle		Toll station
Autobahnähnliche Schnellstraße		Dual carriageway with motorway characteristics
Fernverkehrsstraße		Trunk road
Verbindungsstraße		Main road
Nebenstraßen		Secondary roads
Fahrweg · Fußweg		Carriageway · Footpath
Gebührenpflichtige Straße		Toll road
Straße für Kraftfahrzeuge gesperrt		Road closed for motor vehicles
Straße für Wohnanhänger gesperrt		Road closed for caravans
Straße für Wohnanhänger nicht empfehlenswert		Road not recommended for caravans
Autofähre · Autozug-Terminal		Car ferry · Autorail station
Hauptbahn · Bahnhof · Tunnel		Main line railway · Station · Tunnel
Besonders sehenswertes kulturelles Objekt	Neuschwanstein	Cultural site of particular interest
Besonders sehenswertes landschaftliches Objekt	Breitachklamm	Landscape of particular interest
Ausflüge & Touren		Excursions & Tours
Perfekte Route		Perfect route
MARCO POLO Highlight		MARCO POLO Highlight
Landschaftlich schöne Strecke		Route with beautiful scenery
Touristenstraße	Hanse-Route	Tourist route
Museumseisenbahn		Tourist train
Kirche, Kapelle · Kirchenruine Kloster · Klosterruine		Church, chapel · Church ruin Monastery · Monastery ruin
Schloss, Burg · Burgruine Turm · Funk-, Fernsehturm		Palace, castle · Castle ruin Tower · Radio or TV tower
Leuchtturm · Windmühle Denkmal · Soldatenfriedhof		Lighthouse · Windmill Monument · Military cemetery
Ruine, frühgeschichtliche Stätte · Höhle Hotel, Gasthaus, Berghütte · Heilbad		Archaeological excavation, ruins · Cave Hotel, inn, refuge · Spa
Campingplatz · Jugendherberge Schwimmbad, Erlebnisbad, Strandbad · Golfplatz		Camping site · Youth hostel Swimming pool, leisure pool, beach · Golf-course
Botanischer Garten, sehenswerter Park · Zoologischer Garten		Botanical gardens, interesting park · Zoological garden
Bedeutendes Bauwerk · Bedeutendes Areal		Important building · Important area
Verkehrsflughafen · Regionalflughafen		Airport · Regional airport
Flugplatz · Segelflugplatz		Airfield · Gliding site
Boots- und Jachthafen		Marina

FÜR DIE NÄCHSTE REISE ...

ALLE **MARCO POLO** REISEFÜHRER

DEUTSCHLAND

Allgäu
Bayerischer Wald
Berlin
Bodensee
Chiemgau/
  Berchtesgadener
  Land
Dresden/
  Sächsische
  Schweiz
Düsseldorf
Eifel
Erzgebirge/
  Vogtland
Föhr/Amrum
Franken
Frankfurt
Hamburg
Harz
Heidelberg
Köln
Lausitz/
  Spreewald/
  Zittauer Gebirge
Leipzig
Lüneburger Heide/
  Wendland
Mecklenburgische
  Seenplatte
Mosel
München
Nordseeküste
  Schleswig-
  Holstein
Oberbayern
Ostfriesische Inseln
Ostfriesland/
  Nordseeküste
  Niedersachsen/
  Helgoland
Ostseeküste
  Mecklenburg-
  Vorpommern
Ostseeküste
  Schleswig-
  Holstein
Pfalz
Potsdam
Rheingau/
  Wiesbaden
Rügen/Hiddensee/
  Stralsund
Ruhrgebiet
Sauerland
Schwarzwald
Stuttgart
Sylt
Thüringen
Usedom
Weimar

ÖSTERREICH SCHWEIZ

Berner Oberland/
  Bern
Kärnten
Österreich
Salzburger Land
Schweiz

Steiermark
Tessin
Tirol
Wien
Zürich

FRANKREICH

Bretagne
Burgund
Côte d'Azur/
  Monaco
Elsass
Frankreich
Französische
  Atlantikküste
Korsika
Languedoc-
  Roussillon
Loire-Tal
Nizza/Antibes/
  Cannes/Monaco
Normandie
Paris
Provence

ITALIEN MALTA

Apulien
Dolomiten
Elba/Toskanischer
  Archipel
Emilia-Romagna
Florenz
Gardasee
Golf von Neapel
Ischia
Italien
Italienische Adria
Italien Nord
Italien Süd
Kalabrien
Ligurien/Cinque
  Terre
Mailand/
  Lombardei
Malta/Gozo
Oberital. Seen
Piemont/Turin
Rom
Sardinien
Sizilien/Liparische
  Inseln
Südtirol
Toskana
Umbrien
Venedig
Venetien/Friaul

SPANIEN PORTUGAL

Algarve
Andalusien
Barcelona
Baskenland/
  Bilbao
Costa Blanca
Costa Brava
Costa del Sol/
  Granada

Fuerteventura
Gran Canaria
Ibiza/Formentera
Jakobsweg/
  Spanien
La Gomera/
  El Hierro
Lanzarote
La Palma
Lissabon
Madeira
Madrid
Mallorca
Menorca
Portugal
Spanien
Teneriffa

NORDEUROPA

Bornholm
Dänemark
Finnland
Island
Kopenhagen
Norwegen
Oslo
Schweden
Stockholm
Südschweden

WESTEUROPA BENELUX

Amsterdam
Brüssel
Cornwall und
  Südengland
Dublin
Edinburgh
England
Flandern
Irland
Kanalinseln
London
Luxemburg
Niederlande
Niederländische
  Küste
Schottland

OSTEUROPA

Baltikum
Budapest
Danzig
Krakau
Masurische Seen
Moskau
Plattensee
Polen
Polnische
  Ostseeküste/
  Danzig
Prag
Slowakei
St. Petersburg
Tallinn
Tschechien
Ukraine
Ungarn
Warschau

SÜDOSTEUROPA

Bulgarien
Bulgarische
  Schwarzmeer-
  küste
Kroatische Küste/
  Dalmatien
Kroatische Küste/
  Istrien/Kvarner
Montenegro
Rumänien
Slowenien

GRIECHENLAND TÜRKEI ZYPERN

Athen
Chalkidiki/
  Thessaloniki
Griechenland
  Festland
Griechische Inseln/
  Ägäis
Istanbul
Korfu
Kos
Kreta
Peloponnes
Rhodos
Samos
Santorin
Türkei
Türkische Südküste
Türkische Westküste
Zákinthos/Itháki/
  Kefalloniá/Léfkas
Zypern

NORDAMERIKA

Alaska
Chicago und
  die Großen Seen
Florida
Hawai'i
Kalifornien
Kanada
Kanada Ost
Kanada West
Las Vegas
Los Angeles
New York
San Francisco
USA
USA Ost
USA Südstaaten/
  New Orleans
USA Südwest
USA West
Washington D.C.

MITTEL- UND SÜDAMERIKA

Argentinien
Brasilien
Chile
Costa Rica
Dominikanische
  Republik

Jamaika
Karibik/
  Große Antillen
Karibik/
  Kleine Antillen
Kuba
Mexiko
Peru/Bolivien
Venezuela
Yucatán

AFRIKA UND VORDERER ORIENT

Ägypten
Djerba/
  Südtunesien
Dubai
Israel
Jordanien
Kapstadt/
  Wine Lands/
  Garden Route
Kapverdische
  Inseln
Kenia
Marokko
Namibia
Rotes Meer/Sinai
Südafrika
Tansania/
  Sansibar
Tunesien
Vereinigte
  Arabische
  Emirate

ASIEN

Bali/Lombok/Gilis
Bangkok
China
Hongkong/Macau
Indien
Indien/Der Süden
Japan
Kambodscha
Ko Samui/
  Ko Phangan
Krabi/Ko Phi Phi/
  Ko Lanta
Malaysia
Nepal
Peking
Philippinen
Phuket
Shanghai
Singapur
Sri Lanka
Thailand
Tokio
Vietnam

INDISCHER OZEAN UND PAZIFIK

Australien
Malediven
Mauritius
Neuseeland
Seychellen

133

REGISTER

Im Register sind alle in diesem Reiseführer erwähnten Orte, Ausflugsziele und Sehenswürdigkeiten verzeichnet. Gefettete Seitenzahlen verweisen auf den Haupteintrag, kursive auf ein Foto.

Achterwasser 94
Ahlbeck 12, 19, 22, 31, **84**, 88, 93, 104
Ahrenshoop 28, 30, **57**, 59, 100, 101
Altefähr 15, 111
Alter Strom 30, 42, **51**, 52, 54
Althagen 57, 59
Althäger Kliff 101
Anklam 21
Baabe 19, 72, **81**, 99
Backsteingotik 14, 39, 44, 82, 112
Bad Doberan 13, 14, 30, 42, **43**, 96, 111
Bäderarchitektur 7, 12, 31, 75
Bansin 84, **87**, 116
Barth 60, 61, 70, 101
Bastorf 48
Benz **89**, 115
Bergen 72
Beuchel 136
Binz 7, 12, 16, 19, 30, 72, **74**, 98, 116
Bliesenrade 101
Bock 20, 56
Boltenhagen 12, 18, 22, 28, 30, **32**, 36, 103
Born 61, **62**, 101
Breege 103, 115
Darwineum 15, 108, 117
Darß 12, 20, 56, 59, 99, 104, 115
Darß-Museum 64
Darßer Arche 63
Darßer Ort 12, 21, **64**, 100
Darßer Weststrand 30, 59, 64, 100, 112
Deutsches Bernsteinmuseum 67
Dokumentationszentrum Prora 76
Dorf Mecklenburg 41
Ehm-Welk-Haus 44
Eldena 89
Ernst-Moritz-Arndt-Turm 73
Experimentarium 70
Fährinsel 136
Fischland 20, 56
Fischland, Darß, Zingst 27, **56**, 99, 110, 117
Forst- und Jagdmuseum Ferdinand von Raesfeld 61, **62**
Freilichtmuseum Klockenhagen 67
Friedrich, Caspar David **21**, 89
Gager 103
Gedenkatelier Rolf Werner 87
Gerhart-Hauptmann-Haus 78
Gingst 109
Göhren 19, 72, **76**, 98, 99
Göldenitz 107
Gollwitz 37, 38
Graal-Müritz 18, 42, **45**
Greifswald 12, 14, 21, 31, 84, **89**, 91, 103, 104, 115, 116
Hans-Werner-Richter-Haus 87
Hanse 12, **21**, 23, 38, 82
Heilgeisthospital 82
Heiligendamm 13, 15, 23, 30, 32, 42, **43**, 97
Heimatmuseum (Rerik) 49
Heringsdorf 12, 16, 19, 22, 23, 29, 31, 84, 88, **91**, 110, 114
Heuwiese 136

Hiddensee 27, 31, 72, **77**, 104, 115, 136
Historisch Technisches Museum 95
Hohe Düne 42, 55
Inselmuseum (Poel) 37
Jagdschloss Gelbensande 46
Jagdschloss Granitz 30, 76, 98
Kap Arkona 12, 28, 29, 31, **80**
Karls Erlebnisdorf 55
Kirchdorf 37, 38
Kirche: Marien- (Wismar) 38
Kirche: St. Johannes (Rerik) 52
Klockenhagen 67
Kloster 77
Klütz 30, 32, 35
Kölpinsee 94
Königsstuhl 31, **80**
Körkwitz 67
Koserow 22, 94
Kranich Informationszentrum 83
Kreidefelsen 14, 21, 72, **80**
Kühlungsborn 12, 14, 18, 21, 30, 42, **46**, 96, 98
Kulturhistorisches Museum (Rostock) 51
Kunsthalle (Bad Doberan) 47
Kunstkaten (Ahrenshoop) 58
Kunstscheune Barnstorf 68
Landschulmuseum Göldenitz 106
Langenwerder 136
Lauterbach 98
Lebbin 12
Leuchtturm 21
Lieper Winkel 12
Literaturhaus Uwe Johnson 30, **36**
Loddin 94
Marienkirchturm (Wismar) 39
Marine Science Center 55
Maritim Museum 95
Marlow 109
Meeresmuseum 82, 117
Middelhagen 76
Molli 14, 30, 42, 43, 46, 47, **96**
Mönchguter Museen 76
Moritzdorf 81
Münster (Bad Doberan) 42, **44**, 45
Muschelmuseum 92
Museum Villa Irmgard 92
Museum Warnemünde 52
Museumshof Zingst 70
Nationalpark Jasmund 20, 105
Nationalpark Vorpommersche Boddenlandschaft 63, 64, **100**, 101, 105
Nationalpark: Vorpommersche Boddenlandschaft 63
Nationalparkzentrum Königsstuhl 31, 80
Nationalparkzentrum Wieck 63
Natureum Darßer Ort 64
Naturschatzkammer 66
Neddesitz-Sargard 104
Neuer Markt (Rostock) 51, **52**
Niehagen 57, 58, 59
Niendorf 37
Nienhagen 21
Nikolaikirche **82**
Nikolaikirche (Stralsund) 30

Ozeaneum 15, 30, **82**, 109, 117
Paradiesgarten 46
Peenemünde 84, **94**, 109
Phänomenta 95, **109**
Phantechnikum 15
Poel 32, 34, **36**, 103, 106, 136
Poeler Piratenland 106
Pommersches Landesmuseum 31, **90**
Pramort 71
Prerow 18, 30, 59, 61, **64**, 100, 115
Prora 76
Proramuseum 76
Putbus **78**, 98
Putgarten 28
Ralswiek 74, 110
Rambin 28
Rasender Roland 14, 72, 76, 79, **98**
Reddevitzer Höft 12
Rerik 42, **49**, 52, 105
Rethsegg 101
Ribnitz-Damgarten 18, 56, **66**, 104, 116
Rostock 12, 14, 15, 16, 17, 21, 30, 42, **51**, 56, 62, 107, 109, 111, 114, 115, 116, 117
Rövershagen 55
Rügen 12, 14, 15, 16, 18, 20, 21, 22, 23, 24, 27, 28, 29, 30, 56, 62, **72**, 98, 105, 110, 111, 112, 113, 114, 115
Rügen 12
Rügen Park Gingst 109
Ruschvitz 22
Sassnitz **79**, 103
Schaprode 31, 72, 115
Schaumanufaktur Ostseeschmuck 66
Schauwerkstatt Klosterhof 73
Schiffbau- und Schifffahrtsmuseum 52
Schloss Bothmer 30, **35**
Schmetterlingsgarten 36
Schwinkelsmoor 101
Seebrücke **22**
Seebrücke Ahlbeck 22, 31, **85**
Seebrücke Boltenhagen 33
Seebrücke Heringsdorf 22, **92**
Seebrücke Kühlungsborn 47
Seebrücke Rerik 49
Seebrücke Sellin 22, 81
Seebrücke Wustrow 68
Seebrücke Zingst 69
Seehafen (Rostock) 52
Sellin 18, 19, 22, 72, **81**, 98, 104
St. Georgen (Wismar) 39
St. Johannes (Rerik) 49
St. Nikolai (Wismar) 39
Stadtgeschichtliches Museum (Wismar) 39
Stellshagen 36
Störtebeker, Klaus **22**, 62, 74, 110
Stralsund 12, 14, 15, 16, 21, 28, 30, 56, 72, **82**, 104, 105, 109, 111, 114, 115, 116, 117
Swinemünde 31, 84, **87**, 88, 93
Tauchgondel Sellin 81
Tauchgondel Zingst 70

IMPRESSUM

Tauchgondel Zinnowitz 93
Thiessower Haken 105
Timmendorf 38, 103
Tropenhaus 88
U-Bootmuseum H.M.S. Otus 79
Ummanz 12, 105
Usedom 12, 15, 22, 23, 24, 27, 31, **84**, 104, 105, 110, 112, 113, 114, 115, 117
Usedom (Stadt) 87

Viktoriasicht 21, 80
Vineta-Museum 61
Vitt 31
Vogelpark Marlow 108
Wangern 38
Warnemünde 17, 18, 23, 24, 30, 42, **51**, 52, 103, 111, 112
Weltkulturerbe 14, 38, 82
Wieck **63**, 101
Wiek 115

Wismar 12, 14, 15, 16, 21, 24, 30, 32, 34, **38**, 62, 103, 104, 105, 112, 114, 115, 116
Wismar 62
Wolgast 95, 116
Wustrow 59, 61, **68**
Zingst 12, 20, 61, 64, **69**, 104, 115
Zinnowitz 19, **93**, 103
Zirchow 116
Zoo Rostock **107**, 117

SCHREIBEN SIE UNS!

Egal, was Ihnen Tolles im Urlaub begegnet oder Ihnen auf der Seele brennt, lassen Sie es uns wissen! Ob Lob, Kritik oder Ihr ganz persönlicher Tipp – die MARCO POLO Redaktion freut sich auf Ihre Infos.

Wir setzen alles dran, Ihnen möglichst aktuelle Informationen mit auf die Reise zu geben. Dennoch schleichen sich manchmal Fehler ein – trotz gründlicher Recherche unserer Autoren/innen. Sie haben sicherlich Verständnis, dass der Verlag dafür keine Haftung übernehmen kann.

MARCO POLO Redaktion
MAIRDUMONT
Postfach 31 51
73751 Ostfildern
info@marcopolo.de

IMPRESSUM
Titelbild: Hafen von Groß-Zicker im Mönchgut, vario images: imagebroker
Fotos: W. Dieterich (28, 29, 37, 39, 89, 109, 110, 112 o.); DuMont Bildarchiv: Jung (22, 112 u.), Kirchner (Klappe l.. 13), Krewitt (117), Lubenow (18/19, 24/25, 44, 53, 54, 74, 82, 99, 100, 108); Frank-Uwe Groth: Wolfgang Alinsky (17 o.); Thomas Häntzschel/nordlicht (16 u.); O. Heinze (34, 80, 90, 95, 120/121); Huber: Bäck (2 M. u., 32/33), Mehlig (58), Schmid (20, 48/49, 50, 96/97, 110/111); F. Ihlow (3 o., 41, 56/57, 64, 77, 84/85, 111); © iStockphoto.com: Anna Bryukhanova (16 u.), kkgas (16 M.); G. Knoll (38); Laif: Babovic (65), Henkelmann (71), Hoehn (83), Kirchner (23, 68, 78), Linkel (92), Plambeck (4), Vogel (47); Look: age fotostock (7), Haug (27, 61), T. u. H. Herzig (69), Lubenow (30 l., 30 r.); mauritius images: Alamy (106/107), Frei (6), imagebroker (Klappe r., 62), Juice Images (3 u.), Krüger (2 M. o., 8), Lehner (104), Mayer (3 M., 72/73), Mehlig (2 u., 42/43), Rosenfeld (26 l.), Waldkirch (38); mauritius images/imagebroker: Eisele-Hein (102/103), Luhr (10/11), Movementway (101); K. Sucher (15, 28/29); T. Stankiewicz (2 o., 5, 9, 113); Theater des Friedens (17 u.); vario images: bluemagenta (26 r.), imagebroker (1 o., 66, 86); B. Wurlitzer (1 M., 1 u.)

15., aktualisierte Auflage 2014
© MAIRDUMONT GmbH & Co. KG, Ostfildern
Chefredaktion: Marion Zorn
Autoren: Kerstin Sucher, Bernd Wurlitzer
Redaktion: Ulrike Frühwald
Verlagsredaktion: Ann-Katrin Kutzner, Nikolai Michaelis
Bildredaktion: Barbara Schmid, Gabriele Forst
Im Trend: wunder media, München
Kartografie Reiseatlas: © MAIRDUMONT, Ostfildern; Kartografie Faltkarte: © MAIRDUMONT, Ostfildern
Innengestaltung: milchhof: atelier, Berlin; Titel, S. 1, Titel Faltkarte: factor product münchen
Das Werk einschließlich aller seiner Teile ist urheberrechtlich geschützt. Jede urheberrechtsrelevante Verwertung ist ohne Zustimmung des Verlags unzulässig und strafbar. Das gilt insbesondere für Vervielfältigungen, Übersetzungen, Nachahmungen, Mikroverfilmungen und die Einspeicherung und Verarbeitung in elektronischen Systemen.
Printed in China

BLOSS NICHT

Ein paar Dinge, die Sie an der Ostseeküste vermeiden sollten

FISCHWILDEREI BEGEHEN

Wer sein Glück beim Angeln ohne Erlaubnisschein versucht, begeht Fischwilderei. Das ist kein Kavaliersdelikt, sondern wird nach Paragraf 293 des Strafgesetzbuchs geahndet. Die Fischmeister haben als offizielle Hilfsbeamte der Staatsanwaltschaft sogar polizeiliche Befugnisse.

ALLES FÜR BERNSTEIN HALTEN

Gelbbraune Kieselsteine oder abgeschliffene braune Glasscherben sehen oft wie Bernstein aus. Ob Ihr Strandfund wirklich Bernstein ist, stellen Sie durch die Reibeprobe schnell fest: Wird ein größeres Bernsteinstück an Stoff gerieben, lädt es sich im Gegensatz zum Kieselstein oder Glas elektrostatisch auf und zieht Papierschnipsel an. Bei kleinen Stücken bleibt die Probe meist erfolglos, in diesem Fall sollten Sie zwei Esslöffel Kochsalz in einem Glas Wasser auflösen. Bernstein schwimmt wegen seiner geringen Dichte, Kieselsteine und Glas dagegen sinken zu Boden.

DÜNENSCHUTZ MISSACHTEN

Dünen sind wichtig für den Küstenschutz, sie schützen das Hinterland vor Hochwasser und halten den Sand bei auflandigen Winden zurück. Sie dürfen deshalb nur auf dafür vorgesehenen Wegen überquert werden. Strafen riskieren auch jene, die Burgen in den Dünen bauen; der Mindestabstand muss 2 m betragen.

MÜCKENSCHUTZ VERGESSEN

Die kleinen Quälgeister können in einigen Regionen schöne Abende erheblich vermiesen. Mückenschutzmittel sollten Sie deshalb unbedingt parat haben.

NATURFREVEL BEGEHEN

An der Küste stehen nicht wenige Pflanzen unter Naturschutz, beispielsweise Stranddistel und Meerkohl. Diese Gewächse dürfen nicht gepflückt oder ausgegraben werden.
In den mit einer Eule gekennzeichneten Naturschutzgebieten müssen Sie unbedingt auf den Wegen bleiben. Tabu sind Vogelschutzgebiete, so die Insel Langenwerder bei Poel, die Fährinsel vor Hiddensee sowie die Inseln Heuwiese und Beuchel.

QUALLEN ÜBERSEHEN

Harmlos ist die glasklare Ohrenqualle. Die gelb bis rot aussehende Nesselqualle dagegen sollten Sie dagegen nicht berühren, denn sie verursacht brennende Hautreizungen. Zu Recht wird sie deshalb auch als Feuerqualle bezeichnet.

ZU NAH ANS STEILUFER

Sturm und Regen nagen unaufhaltsam an der Steilküste. Immer wieder kommt es zu teils schweren Abbrüchen, die auch schon Menschenleben gekostet haben. Seien Sie deshalb besonders vorsichtig und befolgen Sie unbedingt Absperrungen und Warnschilder!